EL NUEVO LIBRO DEL ARBOL

TOMO I

COLECCION PATRIMONIO NATURAL

La Colección Patrimonio Natural, de la que forma parte esta edición de una obra clásica sobre la Naturaleza de la Argentina, es publicada por "El Ateneo" con el propósito de despertar la conciencia pública respecto de la extraordinaria riqueza en diversidad biológica que este país posee, y de esa manera promover la voluntad de protegerla.

Pocos son los países que pueden preciarse de poseer tantas formas de vida como la Argentina: 300 especies de mamíferos, 1.000 de aves y 10.000 de plantas, aproximadamente. Son pocas las naciones que pueden rivalizar con la nuestra en la variedad de ecosistemas y en la representación dentro de su territorio de casi todos los biomas —o hábitat principales— del mundo: selva pluvial, nuboselva, sabana, bosques cálido, templado y frío, matorral, pastizal, estepa (tanto la arbustiva como la semidesértica), tundra y desierto de alta montaña, costa marina, islas oceánicas y desierto polar.

Esta colección temática pretende incentivar el interés del público en este formidable patrimonio y deleitar a los amantes de la vida silvestre con piezas del rompecabezas de la Naturaleza y con encantadores pantallazos del legado que Dios prodigó a este singular país.

Títulos publicados:

Los parques nacionales de la Argentina y otras de sus áreas naturales, por Francisco Erize y colaboradores

National parks of Argentina and other natural areas, por Francisco Erize y colaboradores

Las aves argentinas, por Claes Chr. Olrog

El nuevo libro del árbol, por Francisco Erize y colaboradores
    I. *Especies forestales de la Argentina occidental*
    II. *Especies forestales de la Argentina oriental*

Apuntes de travesías, por Sebastián Letemendía

En preparación:

El nuevo libro del árbol, por Francisco Erize y colaboradores
    III. *Especies exóticas de uso industrial*
    IV. *Especies exóticas de uso ornamental*

El nuevo libro del árbol es una versión ampliada
y actualizada de *El libro del árbol*
publicado por Celulosa Argentina durante los años 1973, 1975 y 1977.

LIBRERIA HORIZONTE

—de María Elisa Espada

Textos Primarios - Secundarios - Universitarios

Belgrano 621 - Tel./Fax (0388) 4230579
e-mail: libreriahorizonte@arnet.com.ar
(4600) S. S. de Jujuy - Prov. de Jujuy

I.V.A. EXENTO

C

- **FACTURA -**

N° 0000 -00150103

C.U.I.T.: 27-05869547-0
Ing. Brutos: Exento A-1-1642
Caja Prev.: 63229487
Inicio Actividad: 12/07/1988

Día	Mes	Año
29	01	02

Señor(es): _____

Domicilio: _____

IVA

Resp. Inscripto ◯ Resp. No Inscripto ◯ No Responsable ◯
Responsable Monotributo ◯ Exento ◯ Consumidor Final ◯

C.U.I.T.: _____

Condiciones de Venta CONTADO ◯ CTA. CTE. ◯ TARJETA ◯

Remito N°: _____

TARJETA: _____ N° CUPON: _____ N° CUOTAS: _____

CANT.	DESCRIPCION	Precio Unit.	IMPORTE
1	El nuevo libro del ...		35 =

TOTAL $ 35

Son Pesos: _____

~~Plastic bags.~~

~~Glasses + case~~
~~Strong [a] blanket~~
~~Alarm clock~~
~~Shoe plastic bags~~
~~Dollars~~

water
gas
elec.
windows

{ Richard's pipe
  Envelope
{ guardian

EL NUEVO LIBRO DEL ARBOL

TOMO I

Especies forestales de la Argentina occidental

Dirección
FRANCISCO ERIZE

Autoría de los textos originales
Milan Jorge Dimitri
Rosario F. Julio Leonardis
José Santos Biloni

Actualización y reelaboración de textos
Marcos Babarskas • Daniel Gómez
Eduardo Haene • Adrián Monteleone • Christian Ostrosky

CELULOSA ARGENTINA S. A.
contribuye con el aporte del material original
de las ediciones de 1973, 1975 y 1977

581
DIM
Dimitri, Milan Jorge
El nuevo libro del árbol: especies forestales de la Argentina occidental / Milan Jorge Dimitri, Rosario F. Julio Leonardis y José Santos Biloni. - 4a. ed. - Buenos Aires: El Ateneo, 2000.
v. 1, 119 p.; 26 × 20 cm.

Director: Francisco Erize

ISBN 950-02-8467-7

I. Título - II. Julio Leonardis, Rosario F. - III. Biloni, José Santos - 1. Botánica

La presente publicación se ajusta a la cartografía oficial establecida por el Poder Ejecutivo Nacional a través del IGM, ley Nº 22.963, y fue aprobada por Expte. GG7 865/5 del 12 de mayo de 1997.

Agradecimientos:
Néstor A. Pievano
Esteban A. Takacs
Administración de Parques Nacionales

Coordinación editorial:
Leonardo González Acuña

Diseño gráfico:
Juan Carlos Martínez

PRÓLOGO

Hace más de 20 años aparecía el primer tomo del *Libro del árbol,* editado por Celulosa Argentina. El objetivo de esa obra ambiciosa era la difusión del conocimiento sobre los árboles con los que nos toca convivir en las diversas latitudes y ambientes de nuestro territorio.

Especies del bosque natural conviven hoy con muchas especies forestales introducidas en el país a lo largo de más de dos siglos. La gravitación de la gran llanura pampeana, sin árboles, generó, sin duda, la necesidad de incorporar especies, tanto para sombra como con fines decorativos. Así, el paisaje de la pampa húmeda fue cambiando, y más intensamente sus centros urbanos y suburbanos se poblaron con árboles de muy diverso origen geográfico y climático. El mejor reflejo de este encuentro entre árboles se aprecia en las plazas públicas de nuestras ciudades, donde conviven "tipas blancas", "tarcos", "yuchanes" y "lapachos" con gran número de especies importadas de eucaliptos, pinos, cipreses y robles, por mencionar solamente las más frecuentes.

El primer tomo de *El nuevo libro del árbol,* así como el segundo, está dedicado a un conjunto de especies forestales de nuestra flora indígena conocidas por su aplicación ornamental. Muchas de ellas son, sin embargo, especies que tienen utilización múltiple en la industria maderera.

El tercer tomo previsto abarcará, tal como en la versión original, aquel conjunto de árboles que han sido introducidos en nuestro país. Pero en este caso se han producido cambios muy importantes. El mejoramiento genético forestal realizado en especies de pinos, eucaliptos y salicáceas ha dado resultados tan decisivos que justifican un capítulo nuevo que

se agregará en ese tomo. Se describirán las características de los nuevos árboles mejorados; son aquellos que denominamos superárboles, porque logran un nivel de crecimiento no sobrepasado en ningún otro lugar del mundo. Estos son los árboles que conformarán la gran masa de las nuevas plantaciones orientadas a la producción de madera de obra, celulosa y papel.

Los bosques plantados con especies exóticas abastecen hoy más de la mitad de la demanda interna de madera industrial y esta tendencia se acentuará en los próximos años. Por fortuna, la mayor parte de esas plantaciones se efectuará en tierras que no poseen cobertura arbórea. Así se complementará el patrimonio forestal argentino con las especies introducidas de otros continentes.

Si bien esas plantaciones en gran escala tendrán un papel decisivo en la expansión de las industrias del sector, los bosques naturales constituyen la reserva forestal más importante de nuestro país. Esto es así porque, además del aprovechamiento de esas masas sobre bases sustentables, conforman un factor esencial para el equilibrio ambiental. Por otra parte, existen iniciativas dirigidas a la plantación de especies nativas con fines industriales, que en los próximos años revertirán el proceso de degradación de grandes áreas boscosas.

Los árboles que se describen en este libro representan una parte de la riquísima flora que caracteriza nuestras formaciones boscosas. Hay muchas otras especies que siendo tan importantes por su porte, por el valor de su madera o por su belleza no aparecen aquí. Pero la elección de estas especies, la detallada descripción de las mismas y la indicación de su hábitat natural nos ofrecen la oportunidad para una inmersión rápida en ese mundo de la naturaleza como si participáramos de un paseo guiado. Pensemos que para que este paseo guiado fuera posible varias generaciones de investigadores dedicaron lo mejor de su vida construyendo paso a paso el conocimiento de nuestro patrimonio forestal.

Si observamos mejor las características de su porte o el colorido de sus flores, muchos de nuestros árboles superan en belleza a la mayor parte de las especies exóticas introducidas hasta hoy. Es quizás tiempo para que nuestros paisajistas revisen también el inventario de materiales vivos y aprovechen los recursos de nuestra flora más intensamente.

La dirección de este tomo en su versión original estuvo a cargo del ing. agr. Milan Jorge Dimitri, ilustre miembro de la Academia Nacional de Agronomía y Veterinaria. El botánico José Santos Biloni redactó los textos. También tuvo una activa intervención el ing. agr. Rosario F. Julio Leonardis.

El nuevo formato de éste y los siguientes tomos de *El nuevo libro del árbol* así como la compaginación y actualización de los mismos se encomendaron a Francisco Erize y a un grupo de sus colaboradores.

Al colaborar con la Editorial El Ateneo para dar renovada vigencia a esta obra ejemplar, Celulosa Argentina S. A. se propone continuar contribuyendo al conocimiento y el desarrollo de los recursos forestales de nuestro país, esfuerzo que inició hace muchos años.

Esteban A. Takacs

INDICE POR ESPECIES

ACACIA VISCO *(Acacia visco)* — 2
AGUARIBAY *(Schinus areira)* — 4
ALERCE *(Fitzroya cupressoides)* — 6
ALGARROBO BLANCO *(Prosopis alba)* — 8
ALGARROBO NEGRO *(Prosopis nigra)* — 10
ALISO DEL CERRO *(Alnus jorullensis)* — 12
ARAUCARIA, ver PEHUÉN
ARRAYÁN *(Luma apiculata)* — 14
BARBA DE TIGRE, ver ITÍN
CALDÉN *(Prosopis caldenia)* — 16
CANELO *(Drimys winteri)* — 18
CARANDÁ, ver ITÍN
CARDÓN *(Cereus coryne)* — 20
CARDÓN DEL VALLE *(Trichocereus terscheckii)* — 22
CARNAVAL *(Senna carnaval)* — 24
CEBIL, ver HORCO-CEBIL
CHAÑAR *(Geoffroea decorticans)* — 26
CIPRÉS DE LA CORDILLERA *(Austrocedrus chilensis)* — 28
COCO, ver COCHUCHO
COCHUCHO *(Fagara coco)* — 30
COIHUE *(Nothofagus dombeyi)* — 32
FRANCISCO ÁLVAREZ, ver ZAPALLO CASPI
GUARANINÁ *(Bumelia obtusifolia)* — 34
GUAYACÁN *(Caesalpinia paraguariensis)* — 36
GUINDO *(Nothofagus betuloides)* — 38
HORCO-CEBIL *(Parapiptadenia excelsa)* — 40
HORCO-MOLLE *(Blepharocalyx gigantea)* — 42
IBIRÁ MOROTÍ, ver PALO BLANCO
ITÍN *(Prosopis kuntzei)* — 44
JACARANDÁ *(Jacaranda mimosifolia)* — 46
LAHUÁN, LAHUÉN, ver ALERCE
LAPACHO ROSADO *(Tabebuia avellanedae)* — 48
LAUREL DE LA FALDA *(Phoebe porphyria)* — 50
LENGA *(Nothofagus pumilio)* — 52
LIPAIN, ver CIPRÉS DE LA CORDILLERA
MAITÉN *(Maytenus boaria)* — 54
MANIÚ HEMBRA *(Saxegothaea conspicua)* — 56
MANIÚ MACHO *(Podocarpus nubigena)* — 58
MAÑÍO, MAÑIÚ, ver MANIÚ HEMBRA
MISTOL *(Ziziphus mistol)* — 60
NOGAL CRIOLLO *(Juglans australis)* — 62
NOTRO *(Embothrium coccineum)* — 64

ÑIRE *(Nothofagus antarctica)* — 66
OREJA DE NEGRO, ver PACARÁ
PACARÁ *(Enterolobium cortotisiliquum)* — 68
PALO AMARILLO *(Phyllostylon rhamnoides)* — 70
PALO BARROSO, ver HORCO-MOLLE
PALO BLANCO *(Calycophyllum multiflorum)* — 72
PALO BORRACHO DE FLOR AMARILLA, ver YUCHÁN
PALO CASCARUDO, ver TATANÉ
PALO LANZA, ver PALO AMARILLO
PALO MATACO, ver ITÍN
PALO SANTO *(Bulnesia sarmientoi)* — 74
PEHUÉN *(Araucaria araucana)* — 76
PEJE, ver SOMBRA DE TORO
PINO, ver PEHUÉN
PINO DEL CERRO *(Podocarpus parlatorei)* — 78
QUEBRACHO BLANCO *(Aspidosperma quebracho-blanco)* — 80
QUEBRACHO COLORADO SANTIAGUEÑO *(Schinopsis quebracho-colorado)* — 82
QUEBRACHO FLOJO, ver SOMBRA DE TORO
QUETRI, ver ARRAYÁN
QUINA *(Myroxylon peruiferum)* — 84
RADAL *(Lomatia hirsuta)* — 86
RAULÍ *(Nothofagus alpina)* — 88
ROBLE CRIOLLO *(Amburana cearensis)* — 90
ROBLE PELLÍN *(Nothofagus obliqua)* — 92
SACHA PERA, ver SAUCILLO
SAUCILLO *(Acanthosyris falcata)* — 94
SAÚCO *(Sambucus peruvianus)* — 96
SOMBRA DE TORO *(Jodina rhombifolia)* — 98
TARCO, ver JACARANDÁ
TATANÉ *(Pithecellobium scalare)* — 100
TEN *(Pilgerodendron uviferum)* — 102
TIMBÓ, ver PACARÁ
TIPA BLANCA *(Tipuana tipu)* — 104
URUNDEL *(Astronium urundeuva)* — 106
VINAL *(Prosopis ruscifolia)* — 108
VISCO, ver ACACIA VISCO
VISCOTE, ver ACACIA VISCO
YUCHÁN *(Chorisia insignis)* — 110
ZAPALLO CASPI *(Pisonia zapallo)* — 112

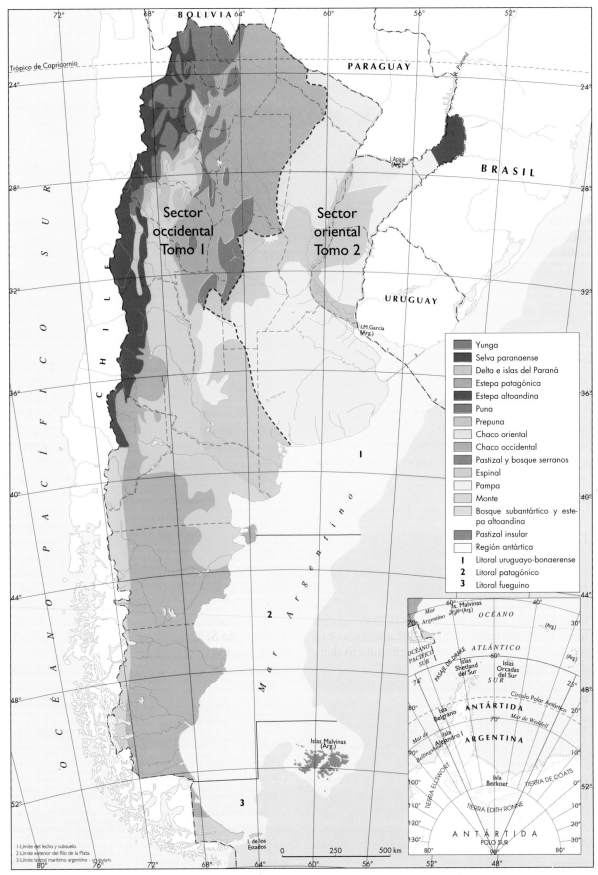

Sector
occidental
Tomo I

Sector
oriental
Tomo 2

Yunga
Selva paranaense
Delta e islas del Paraná
Estepa patagónica
Estepa altoandina
Puna
Prepuna
Chaco oriental
Chaco occidental
Pastizal y bosque serranos
Espinal
Pampa
Monte
Bosque subantártico y estepa altoandina
Pastizal insular
Región antártica
1 Litoral uruguayo-bonaerense
2 Litoral patagónico
3 Litoral fueguino

1-Límite del lecho y subsuelo.
2-Límite exterior del Río de la Plata.
3-Límite lateral marítimo argentino - uruguayo.

0   250   500 km

Mapa de las unidades naturales de la Argentina, gentileza de la Administración de Parques Nacionales,
que corresponde al nuevo marco biogeográfico nacional, actualmente en preparación.

UNIDADES NATURALES DE LA ARGENTINA

Dentro del extenso territorio de la República Argentina se pueden reconocer unas 20 unidades naturales o ecorregiones. De ellas 17 corresponden a ambientes terrestres de los cuales sólo seis se caracterizan por la presencia de formaciones arboladas.

A grandes rasgos podemos reconocer cuatro tipos de vegetación con abundancia de árboles:

1) la selva, que tiene varios estratos y gran diversidad botánica, donde son comunes las lianas y las epífitas;

2) el bosque, de estructura y composición más simple que las selvas y donde habitualmente predominan una o pocas especies arbóreas;

3) el parque, donde alternan porciones de campos abiertos, con montes o capones;

4) la sabana, caracterizada por la presencia de cubiertas herbáceas continuas con árboles aislados.

La Selva Paranaense ocupa la mayor parte de la provincia de Misiones, continuándose hacia el sur a través de selvas marginales sobre los grandes ríos del litoral mesopotámico, las cuales se van empobreciendo paulatinamente. El extremo meridional de estas selvas se encuentra en la ribera platense en Punta Lara, al norte de La Plata, conformando en la actualidad un pequeño relicto dentro de una reserva provincial.

El clima es cálido y húmedo, con precipitaciones distribuidas homogéneamente todo el año, alcanzando entre 1.500 y 2.000 mm anuales.

Se trata de una selva subtropical con un estrato superior compuesto por árboles que llegan a los 20 a 30 metros de altura con bastante constancia, entre los que predominan el guatambú blanco y el laurel negro. En ciertos sectores se destacan grandes árboles emergentes como el palo rosa en el norte de Misiones y en algunos puntos más elevados del oriente de esta provincia aparece el pino paraná.

La diversidad vegetal es notable, llegándose a contabilizar más de cien especies arbóreas. Las tacuaras son frecuentes formando densos cañaverales y en determinados sitios podemos encontrar helechos arborescentes, los cuales están siendo despiadadamente destruidos para obtener soportes o maceteros de orquídeas. Las palmeras están presentes con dos especies muy pintorescas: el pindó y el palmito, este último famoso por su cogollo comestible que ha motivado su extracción descontrolada en el medio silvestre.

En Misiones esta selva constituía una formación originalmente continua, pero ha sido raleada por la extracción de las especies arbóreas de mayor valor forestal. Además sigue perdiendo parches por deforestación para el cultivo de unas pocas especies foráneas como pinos, té, maíz y algunas nativas, como la yerba mate y el pino paraná.

El Parque Nacional Iguazú, en el extremo noroeste misionero, constituye uno de los escenarios naturales más atractivos de la selva paranaense, realzado por la belleza de las Cataratas del Iguazú. Este sitio es la cara más conocida de un gran conglomerado de áreas protegidas vecinas, dado que tiene al norte, en Brasil, el parque nacional homónimo y en la Argentina, hacia el sudeste, los parques provinciales Islas Malvinas y Uruguaí. En la actualidad forman, en conjunto, el núcleo silvestre de Selva Paranaense en mejor estado de conservación del mundo.

Como un desprendimiento austral de las selvas amazónicas, llega hasta los faldeos montañosos más húmedos del noroeste argentino la Selva Tucumano-oranense o Yungas.

El clima es cálido y húmedo con precipitaciones de 2.500 mm anuales, concentradas mayormente en primavera-verano (régimen monzónico). En invierno suele haber heladas.

Al ubicarse sobre los flancos orientales de montañas, con temperaturas que van decreciendo en altura y precipitaciones más escasas en la base, se puede distinguir una serie de formaciones vegetales asociadas a los diferentes pisos serranos. En las partes bajas se encuentran las selvas de palo blanco y palo amarillo o Selvas de Transición, llamadas así por constituir una faja intermedia entre los bosques chaqueños de las llanuras al este y las selvas montanas. La tipa y el pacará en ciertos puntos al sur de Salta y Tucumán pueden tornarse las especies dominantes de esta formación.

Entre los 550 y 1.600 metros sobre el nivel del mar se ubican las Selvas Montanas, calificadas también como "Nuboselva" por estar este piso permanentemente ocupado —entre el verano y el otoño— por una humectante neblina constituida por el manto de nubes que se recuesta sobre los mencionados faldeos. La vegetación es aquí muy densa e impenetrable. Especies típicas de estas selvas son el horco molle, de grandes dimensiones, y el laurel de la falda, que habitualmente está recubierto de una gran masa de plantas epífitas. En algunos sectores son abundantes el cedro salteño (o rosado) y el nogal, árboles de importancia económica.

Por encima de las selvas montanas, sobre una faja entre los 1.200 y 2.500 m de altitud aproximadamente, se encuentran los Bosques Montanos. Básicamente se reconocen tres tipos de bosques, según la especie predominante: los de pino del cerro, los de aliso del cerro y los de queñoa (*Polylepis australis*).

Las Yungas son el área de distribución original de árboles muy difundidos en jardinería como el jacarandá y la tipa.

El avance de cultivos intensivos como la caña de azúcar, y más recientemente los cítricos, está haciendo retroceder a estas magníficas selvas, en particular a las Selvas de Transición.

Las torrenciales lluvias estivales, el terreno escarpado y la densa cubierta selvática han mantenido a resguardo algunos de los más recónditos sectores de esta formación. Sin embargo, los grandes cambios operados en los puntos más vulnerables y el paulatino aislamiento de los parques nacionales de la zona (Baritú, Calilegua y El Rey), tornan preocupante el futuro de esta unidad de una maravillosa diversidad ambiental.

El Chaco forma el bosque subtropical más famoso de la Argentina. Originalmente constituía un vasto monte que en ciertos sectores adquiría el diseño de parque.

El clima es cálido con grandes precipitaciones en el oriente (1.000 a 1.300 mm anuales), más escasas hacia el oeste y sur (aproximadamente 500 mm anuales).

Se trata de un bosque semixerófilo que tiene en las distintas especies de quebrachos, tres colorados y uno blanco, a sus componentes más típicos. Estos forman un estrato superior, secundado por otro más bajo de algarrobos, mistol y espinillo, entre otros. Las cactáceas son comunes, en particular en los sitios más degradados, con varias especies de porte arbustivo e incluso arbóreo, como el cardón.

Se pueden reconocer distintas subdivisiones del Chaco, resultando las dos mayores la del Chaco Oriental y la del Chaco Occidental o Semiárido, a las que aquí damos la categoría de unidades naturales.

El Chaco Oriental es la porción más húmeda, conformando un rico mosaico ambiental en función de pequeños cambios topográficos que condicionan el movimiento del agua superficial. Aquí predomina el bosque de quebracho colorado chaqueño alternando con bañados, cursos fluviales con montes ribereños, pastizales y extensos palmares de palma negra.

Por su parte el Chaco Occidental tiene una amplísima distribución en la Argentina, resultando el quebracho colorado santiagueño su componente más típico, aunque esté ausente en la región chaqueña de los Llanos Riojanos.

La histórica devastación que ha sufrido esta unidad, por la extracción descontrolada de los árboles forestales más valiosos y por el sobrepastoreo, ha producido grandes cambios ecológicos en el bosque chaqueño.

Se ha repetido aquí, como en la Selva Paranaense y en la Tucumano-oranense la dilapidación del recurso bosque nativo, cuyo aprovechamiento sustentable ofrece a la humanidad, a largo plazo, beneficios muy superiores a los obtenidos a través de su saqueo y de la transformación de estas tierras —de neta "vocación" forestal— a campos de pastoreo o de cultivo.

Como una continuación natural del Chaco hacia el centro de la Argentina, formando una gran herradura alrededor del pastizal pampeano, encontramos la unidad natural conocida como Espinal. Las condiciones climáticas son cambiantes dentro de tan dilatada superficie, resultando cálido y húmedo su extremo oriental en la Argentina (Corrientes y Entre Ríos) y templado y seco en el oeste (San Luis y La Pampa).

Reúne a varias subunidades caracterizadas por el predominio de especies de algarrobos que forman un bosque semixerófilo bajo, sin los gigantes arbóreos del Chaco. Componentes arbóreos comunes en el Espinal son el sombra de toro, de duras hojas con forma romboidal, el chañar, que tiene una tupida floración a comienzos de primavera, y el molle o incienso (*Schinus longifolius*), habitualmente adornado con agallas (pequeños tumores originados por invertebrados parásitos).

El ñandubay es el algarrobo típico de la Mesopotamia, formando un distrito particular que abarca el centro-noroeste de Entre Ríos, centro-sur de Corrientes y parte del este de Santa Fe. Los algarrobos blanco y negro son los árboles característicos en el Espinal del centro de la Argentina. Finalmente el caldén está presente dentro de formaciones tipo sabana en La Pampa y provincias vecinas.

La popularización del uso de madera de algarrobo resultó una presión adicional sobre los bosques silvestres del Espinal que agravó la degradación de esta unidad, en sectores muy modificada desde hace décadas por la deforestación para la implantación de cultivos.

El Delta del Paraná es reconocido como una unidad particular, con extensos pajonales inundables y, en los albardones costeros, bosques higrófilos como los del Chaco y selvas ribereñas semejantes a la Paranaense. Arboles típicos de estos bosques son el sauce criollo o colorado y el aliso de río, que forman comunidades puras en albardones costeros, y el seibo, que crece en montes abiertos junto a densos pajonales.

Si bien la región deltaica aún está escasamente poblada y mantiene en gran medida un paisaje silvestre, sufrió una intensa degradación de sus arboledas, hasta el punto de que las selvas ribereñas han casi desaparecido en la provincia de Buenos Aires.

El Bosque Subantártico o Andino-patagónico es una singular formación vegetal exclusiva del sur de la Argentina y Chile. Los árboles del género *Nothofagus* se convierten en el sello típico de esta unidad —al punto de hacerla con frecuencia conocida como de los "bosques de *Nothofagus*"— con majestuosos representantes como el coihue y el guindo, típico componente de los bosques siempre verdes de Tierra del Fuego, y especies de hermoso follaje caedizo como la lenga. El norte de esta formación es el área de distribución natural del pehuén, magnífico árbol forestal de aplicaciones ornamentales y alimenticias.

El clima es templado-frío y húmedo, con abundantes precipitaciones nivales en los meses invernales y heladas durante gran parte del año. La porción oriental, lindante con la estepa patagónica, es la que recibe menos precipitaciones en comparación con la zona limítrofe con Chile, que alcanza en algunos sitios hasta los 4.000 mm anuales.

Dos distritos notables de esta unidad son el Bosque Caducifolio y el Valdiviano. El primero ocupa la mayor parte de esta formación, con predominio de dos especies de hojas caducas, el ñire y la lenga, acompañados por una conífera, el ciprés de la cordillera. Otras dos especies arbóreas de importancia maderera, el raulí y el roble pellín, se encuentran recluidas dentro de la Argentina en el centro-oeste de la provincia de Neuquén, siendo más frecuentes en el país trasandino.

El Bosque Valdiviano ocupa escasa superficie en la porción norte de esta región, que se corresponde con la parte más húmeda. La especie característica es el coihue, que alcanza grandes dimensiones, a veces acompañado con otra especie de porte destacado y notable longevidad, el alerce.

Salpicando el verde oscuro estival de los bosques, se encuentran numerosos lagos de origen glaciario, de gran profundidad y templadas aguas. La vegetación acuática o palustre es escasa, encontrándose sólo juncales (*Schoenoplectus californicus*) en algunos sectores costeros. Los árboles próximos a los lagos se reflejan con notable detalle semejando éstos espejos lacustres.

De los ambientes arbolados de la Argentina, el bosque subantártico es el que se encuentra en mejor estado de conservación. Cuenta con una gran superficie protegida bajo la categoría de parques nacionales, tales como los parques Lanín, Nahuel Huapi, Puelo, Los Alerces y Tierra del Fuego, entre otros.

Junto a la figura de la Cordillera de los Andes y lagos de variadas tonalidades azules, estos bosques silvestres resultan un componente insustituible de uno de los escenarios naturales más bellos de la Argentina.

ACACIA VISCO
(Acacia visco)

Acacia visco Lorentz ex Griseb. Angiosperma dicotiledónea de la familia Leguminosas (o Fabáceas), subfamilia Mimosoideas.

Otros nombres comunes: arca, visco, viscote, viscote blanco, viscote negro, yapan.

Arbol de escasa talla, de unos 12 a 15 m de altura, aunque es la especie nativa del género *Acacia* de mayor porte; tiene diámetros de hasta 50 cm y copa amplia, globosa, poco densa, caediza, característica de las acacias. Un detalle que diferencia a la acacia visco de muchos de sus congéneres nativos es que no tiene espinas.

Especie propia de Chile, Bolivia y el Noroeste y Centro de la Argentina, en particular en el Chaco Serrano y el Chaco Occidental; su presencia en Cuyo seguramente está motivada por su cultivo desde hace mucho tiempo en esta zona. En Entre Ríos se ha detectado su asilvestramiento por semillas, en la zona de las barrancas del Paraná cerca de Diamante.

Los ejemplares de Buenos Aires no suelen ser muy longevos, quizá debido al clima húmedo que favorece el ataque de diversos parásitos.

Florece de octubre a diciembre, sus frutos maduran de febrero a abril.

La madera es dura, pesada (peso específico: 0,800 kg/dm³), siendo la coloración natural del duramen recién cepillado pardocastaño, con veteado pronunciado, originado por bandas de distintas tonalidades pardo a castaño-oscuro sobre fondo amarillo-ocráceo. De sus características estéticas, merecen destacarse su textura fina y heterogénea, especialmente en su corte tangencial, mientras que su "grano" es oblicuo a entrelazado. Los radios leñosos son homogéneos, los anillos de crecimiento bien demarcados.

La utilización de la madera de la acacia visco se ha limitado regionalmente a la elaboración de carbón, leña, postes y varillas para alambrado, y algunas aplicaciones en carpintería y carrocerías dado el reducido tamaño de los troncos obtenibles.

Dadas las buenas cualidades de la madera de la acacia visco y su rápido crecimiento, merecería ensayarse su cultivo como forestal, según Arturo Burkart.

La acacia visco es un árbol de cultivo tradicional en calles y plazas de las zonas de clima templado-cálido de la Argentina. La corteza es utilizada en la provincia de San Juan para teñir de marrón.

Detalle de una fracción de las hojas compuestas de la acacia visco.

HOJAS: semipersistentes, alternas, compuestas, biparipinnadas, de unos 8 cm de longitud, con un par de estípulas pequeñas filiformes. Las hojas poseen cuatro a 10 yugas cada una con 25 a 45 pares de folíolos; éstos miden 4 a 8 mm de largo por 1 a 2 mm de ancho, con punta aguda, pubescentes en ambas caras y borde. El raquis primario es pubescente, tiene pequeñas glándulas sésiles circulares a la altura del último o de los últimos pares de raquis secundarios. El pecíolo tiene 3 cm de largo, pubescente, con glándula sésil generalmente cercana a la base.

FLORES: pequeñas, blancas (a veces blanco amarillentas o amarillo pálidas), hermafroditas, sésiles, de 9 mm de largo, cáliz acampanado pubescente con tubo de 2 a 2,5 mm de largo, reunidas en cabezuelas vistosas, esféricas, con un diámetro de unos 1,5 a 2 cm, ubicadas sobre pedúnculos de 1,5 a 2,5 cm, solitarias o agrupadas hasta en número de cinco en las axilas de las hojas. Corola glabra con tubo de unos 3,5 mm de largo con cinco lóbulos triangulares de casi 1mm de largo.

FRUTOS: legumbre dehiscente achatada, de consistencia papirácea, de 10 a 17 cm de largo por 1,5 a 2,5 cm de ancho, recta, con extremo apiculado. Suelen quedar mucho tiempo después de abiertos y luego de haber dejado caer las semillas. Las semillas son ovaladas, comprimidas, pardas, de 1 a 1,5 cm de largo por 0,8 a 1 cm de ancho.

CORTEZA: castaño-oscura, está fisurada longitudinalmente; sin espinas. En los ejemplares jóvenes la corteza es gris clara.

AGUARIBAY
(Schinus areira)

Schinus areira L. (= *Schinus molle* L. var. *areira* DC.).
Angiosperma dicotiledónea de la familia Anacardiáceas.
Otros nombres comunes: árbol de la pimienta, bálsamo,
curanguay, gualeguay, molle, pimentero, terebinto, etc.

Arbol de mediano porte, de follaje persistente y péndulo que recuerda un tanto al exótico sauce llorón (*Salix babylonica*). Alcanza los 20 m de altura, con 1 m de diámetro en el tronco, no siendo raros los ejemplares que, sin exceder los 12 m de alto, superan los 2,2 m en la base.

Presenta individuos masculinos y femeninos. Estos últimos dan los pequeños frutos rojos que lo hacen tan decorativo a su madurez. La copa es grande, densa y globosa, con las ramas jóvenes colgantes.

El aguaribay es originario de América del Sur, llegando hasta el Norte y Centro de la Argentina. Es cultivado como ornamental en casi todos los países de climas templados y cálidos, haciéndose subespontáneo en algunos de ellos. No es indígena de México, como pretenden algunos autores, sino introducido allí desde el Perú. Fue árbol sagrado de los incas, que lo llamaban "mulli", vocablo castellanizado como "molle".

Las flores del aguaribay son pequeñas y ubicadas en panojas.

Los frutos adquieren una tonalidad rojiza al madurar.

Al ser restregados, el follaje, las inflorescencias y los frutos desprenden un olor aromático que revela su condición de planta medicinal. Los frutos, levemente picantes, constituyen un sucedáneo de la pimienta para condimentar embutidos, el relleno de las empanadas, salsas, etc.

Tiene múltiples usos en medicina popular: la corteza se emplea en decocciones, para combatir la hinchazón de los pies y curar heridas y úlceras; la resina es purgante y antirreumática, etc. Con los frutos se elabora arrope —una especie de aloja—, chicha y vinagre.

HOJAS: compuestas, persistentes, imparipinnadas —a veces paripinnadas— con siete a 16 —rara vez hasta 25— pares de folíolos lanceolados y agudos, con borde aserrado. Los folíolos tienen hasta 6 cm de largo y 3 a 7 mm de ancho. Con cierta frecuencia, en lugar de opuestos, los folíolos se presentan parcialmente alternos. El raquis es lineal, aplanado y levemente alado, de 11 a 23 cm de largo por 1,5 a 2 mm de ancho, mientras que el pecíolo tiene una anchura similar pero mide de 2 a 6 cm de largo.

FLORES: unisexuales, dispuestas en amplias panojas terminales de 10 a 20 cm de largo, péndulas y amarillentas.

FRUTOS: drupas rojizas, globosas de unos 5 mm de diámetro, que alojan una sola semilla. Esta es de forma semilenticular, comprimida. Los frutos están reunidos en panojas.

CORTEZA: es de color pardo oscuro, a veces un tanto grisáceo o levemente rojizo, resquebrajada, con la superficie áspera y más bien escamosa.

La corteza es áspera y resquebrajada.

5

ALERCE
(Fitzroya cupressoides)

Fitzroya cupressoides (Molina) Johnst. (= *Fitzroya patagonica* J.D. Jooker, *Pinus cupressoides* Molina).
Gimnosperma de la familia Cupresáceas.
Otros nombres comunes: alerce chileno, alerce patagónico, lahuán o lahuén (en mapuche).

Arbol de tamaño formidable, tiene cierto parecido por su aspecto general a la sequoia californiana (*Sequoiadendron giganteum*). Se mencionan ejemplares de 70 m de altura y 4,5 m de diámetro. Normalmente su altura es de 30 m y su diámetro entre 1 y 1,2 m. Especie muy longeva, se ha documentado un ejemplar chileno de 3.621 años. Su dispersión geográfica es discontinua, exclusiva de un sector de los bosques andinopatagónicos de Chile y la Argentina. En este último país es relativamente reducida: el alerce se encuentra sobre la cordillera desde el centro de Neuquén hasta el norte de Chubut, extendiéndose hacia el lado chileno. Lucien Hauman lo llamó "el gigante de la formación subantártica", y sería el más importante si no fuera tan limitada su distribución.

El alerce vive en formaciones boscosas donde resulta la especie predominante (alerzales); los mejores exponentes dentro del territorio argentino se encuentran sobre el lago Menéndez, en Chubut.

En décadas pasadas se puso especial hincapié en la conservación del alerce dada la escasa observación de renovales y la masiva e histórica destrucción de sus bosques silvestres. Hoy en la Argentina se encuentra protegido dentro del Sistema de Parques Nacionales, mostrando una serie de estudios realizados principalmente en Chile que la especie tiene una estrategia de supervivencia relacionada con su larga vida, que le permite propagarse sólo en los parches naturalmente arrasados de los bosques (aludes por ejemplo) y con condiciones edáficas favorables para los requerimientos particulares de este árbol, donde tiende a desarrollar formaciones casi puras. Pese a la gran profusión de semillas que producen los alerces, éstas sólo estarían en condiciones de crecer en las circunstancias antes señaladas y no en bosques maduros.

El nombre común "alerce" fue dado por los conquistadores al confundirlo con la especie europea del mismo nombre (*Larix sp.*).

Su madera presenta un hermoso veteado, siendo una muy vistosa madera laminada, con vetas de color castaño-violáceo. Tiene grano derecho, textura fina, siendo de peso específico ligeramente inferior a 0,500 kg/dm^3. Es una madera con excelente comportamiento al secado. Indudablemente, junto al pehuén, constituyen las dos mejores especies nacionales para la obtención de maderas compensadas de alta calidad. Su aptitud para la fabricación de instrumentos musicales, construcciones hidráulicas, lápices, tejuelas, embarcaciones, revestimientos, etc., se basa en su fácil trabajabilidad con todo tipo de herramientas. Asimismo es fácil de clavar, encolar y lustrar, permitiendo excelente terminación.

Debajo de la corteza se encuentra una sustancia fibrosa, resinosa, que elaborada se conoce con el nombre de "estopa de alerce". Se utiliza localmente en Chile para el calafateo de embarcaciones, como material aislante, y obteniéndose también, en combinación con más del 50 % de lana, un interesante tejido para tapicería, vestidos y frazadas, entre otros usos. A la resina se le asignan propiedades antiinflamatorias.

HOJAS: simples, persistentes, son escamiformes y puntadas en las ramas nuevas. Tienen de 4 a 9 mm de largo y casi 2 de ancho, presentándose en verticilos trímeros, oblongos y escamiformes, con ápice obtuso, ligeramente mucronado.

FLORES: unisexuales y terminales. Pueden estar en un mismo pie o en individuos distintos. Los amentos masculinos son axilares y solitarios, cilíndricos, de unos 7 mm de largo.

SEUDOFRUTOS: pequeños conos terminales de 4 a 6 mm de diámetro. Están compuestos por seis escamas dentro de las cuales encontramos las semillas bialadas, membranosas, de 3 a 5 mm de largo.

CORTEZA: pardo-oscura, gruesa, con surcos longitudinales profundos; al practicársele una incisión exuda resina.

Los alerzales pueden estar formados por masas casi puras de grandes alerces, de troncos rectos y corteza con profundos surcos.

ALGARROBO BLANCO
(Prosopis alba)

Prosopis alba (Griseb). Angiosperma dicotiledónea de la familia
Leguminosas (o Fabáceas), subfamilia Mimosoideas.
Otros nombres comunes: algarrobo, árbol blanco, ibopé-morotí,
ibopé, igopé, ibopé-pará, tacko-yúraj, pata (diaguita).

Arbol de mediano tamaño, inerme o poco espinoso, de 5 hasta 18 m de altura. El diámetro del tronco oscila entre los 40 y 150 cm. Crece en formaciones bajas y abiertas, como parques, con copas muy globosas que a veces sobrepasan los 10 m de diámetro.

El algarrobo blanco tiene una amplia distribución geográfica en la Argentina, abarcando todo el centro-norte hasta el norte de Buenos Aires. Es un componente común en el bosque chaqueño alto de madera dura, donde ocupa el segundo estrato. También forma comunidades puras fuera de los bosques. Está presente asimismo en las sabanas con suelos arenosos, al parecer siempre que la napa freática no esté a más de 15 m de profundidad. Es común en las márgenes de las "represas" o tajamares artificiales y en los bosques en galería de los ríos. Forma cinturones boscosos alrededor de depresiones salinas.

El nombre común guaraní: ibopé (igopé)-pará significa "árbol puesto en el camino para comer"; mientras que el quechua: tacko-yúraj viene de "tacko, taco o tacu", algarrobo, y "yúraj, juraj", blanco. Su nombre más difundido, "algarrobo", fue dado por los conquistadores españoles, por su similitud con el algarrobo europeo (*Ceratonia siliqua*).

Posee una madera pesada (peso específico: 0,760 kg/dm³), tiene poco veteado y textura mediana a gruesa. Una de sus mejores cualidades es el comportamiento al secado, que le confiere gran estabilidad en sus dimensiones y permite su utilización en usos especiales, como clisés, hormas, base para sellos, parquet, etc. En tonelería ha reemplazado con ventaja al roble europeo (*Quercus robur*), debido a su menor permeabilidad, disminuyendo las pérdidas por evaporación. Es madera durable a la intemperie; puede cepillarse bien, dando buena terminación en muebles rústicos y pesados, con buen lustre o barniz, y también es posible desbobinar. Su albura muy estrecha, blanco amarillenta sobre el duramen castaño-violáceo, se oscurece a medida que pasa el tiempo de cortado.

Las vainas o legumbres, llamadas "algarroba blanca", han sido para la población campesina, junto con el maíz, el producto vegetal de mayor importancia y variada aplicación como alimento para el hombre y forraje para los animales por su gusto agradable y su alto valor nutritivo. Se consumen frescas, secas o molidas, preparándose de esta última forma la "añapa" y un tipo de confitura conocido por "patay". Con las vainas se elabora una bebida alcohólica, la aloja, y la "aguamuerta". Se ha descrito una variedad con vainas más bien rectas, folíolos más pubescentes y mejor calidad de fruto: *Prosopis alba* var. *panta* Gris.

La corteza tiene propiedades curtientes, por su alto contenido de tanino, y también tintóreas.

Experiencias hechas en plantaciones han demostrado su importancia para trabajos de reforestación en zonas áridas erosionadas. Esta especie, junto a su pariente el algarrobo negro, han sido excesivamente explotadas en toda su área de distribución. Constituye uno de los más valiosos recursos naturales de las regiones áridas y semiáridas de la Argentina.

HOJAS: caducas, alternas, compuestas, bipinnadas, de unos 10 cm de longitud, con hasta 35 pares de folíolos opuestos, generalmente imparipinnados e insertos a 2 mm de distancia entre sí. Los folíolos son de 15 mm de largo por 2 mm de ancho, casi el doble del tamaño de su congénere el algarrobo negro.

FLORES: hermafroditas, pequeñas y amarillentas, reunidas en racimos

Las inflorescencias son alargadas.

cilíndricos y péndulos. En Entre Ríos aparecen de octubre a diciembre y en el Noroeste argentino de setiembre a noviembre. A pesar de ser hermafroditas, las flores no tienen posibilidad de autofecundarse, pues en cada flor maduran en primer lugar los órganos femeninos y luego los masculinos (floración protógina). El viento y los insectos se encargan de transportar el polen.

FRUTOS: vainas o legumbres coriáceas, subleñosas, de color blanco-amarillento; de 12 a 25 cm de largo por 1,5 cm de ancho y 5 mm de espesor aproximadamente. En Entre Ríos se encuentran desde febrero hasta junio y en el Noroeste de la Argentina desde diciembre a febrero. En general son falcadas o semicirculares, a veces rectas, aplanadas y encierran semillas castañas, lisas, de unos 7 mm de largo.

CORTEZA: delgada, pardo grisácea, estriada con surcos poco demarcados, dispuestos oblicuamente.

Los frutos son legumbres de tonos claros.

ALGARROBO NEGRO
(Prosopis nigra)

Prosopis nigra (Griseb.) Hieron. (= *P. algarobilla* Griseb. var. *nigra* Griseb.). Angiosperma dicotiledónea de la familia Leguminosas (o Fabáceas), subfamilia Mimosoideas. Otros nombres comunes: algarrobo chico, algarrobillo, ibopé-hü, tacko-yana, yura-tacu.

Junto con su congénere, el algarrobo blanco, es "el árbol" por excelencia de la Argentina central. Nombrado como "tacu" por los quechuas, suministraba a los aborígenes sombra, alimento, bebida, madera y combustible. Es un árbol inerme o poco espinoso, de hasta 16 m de altura y 1,10 m de diámetro en el tronco, pero que en ambientes muy áridos llega a los 3 a 8 m de alto y 20 a 40 cm de diámetro. De fuste mediano y copa más o menos aparasolada, tiene ramillas flexibles y péndulas que llevan hojas compuestas bipinnadas dispuestas en fascículos.

Proporciona madera dura y pesada (peso específico: 0,850 kg/dm^3), de albura amarillenta y duramen castaño a castaño oscuro, de numerosas aplicaciones, entre ellas la tonelería, para la que es muy indicada.

Los frutos del algarrobo negro son legumbres amarillentas, usualmente con manchas oscuras.

Detalle de una pinna foliar donde se aprecian los folíolos cortos y poco distanciados entre sí.

Los frutos son de maduración estival y tienen pulpa dulce, excelentes para la preparación de "patay", arrope, aloja y añapa. A estas legumbres se les asignan propiedades antioftálmicas en medicina popular. La corteza del algarrobo negro, al igual que la del algarrobo blanco y otras especies indígenas del género *Prosopis*, contiene buena proporción de tanino, por lo que es utilizada localmente para curtir, sola o mezclada con el aserrín y los frutos, que también poseen propiedades curtientes.

HOJAS: compuestas, bipinnadas y fasciculadas. Cada una de ellas lleva de 20 a 35 pares (y en determinados casos muchos más) de folíolos oblongos, con el ápice redondeado de 3 a 6 mm de largo por 1 a 2 mm de ancho. Estas dimensiones permiten diferenciarlo fácilmente de su congénere el algarrobo blanco, que las posee mucho mayores.

FLORES: pequeñas y amarillentas, reunidas en racimos cilíndricos y péndulos que aparecen de septiembre a noviembre.

FRUTOS: legumbres o vainas coriáceas, subleñosas, amarillentas —por lo general con manchas morado-oscuras—, rectas o, en ocasiones, un tanto curvas, algo aplanadas y apiculadas en el ápice.

Las vainas tienen de 7 a 18 cm de largo (más cortas que las del algarrobo blanco) por cerca de 1 cm de ancho y 7 a 8 mm de espesor. Las caras laterales se presentan con el relieve de las semillas.

Estas son ovoideas, castañas, lustrosas y achatadas, de 6 a 9 mm de largo por 5 a 6 mm de ancho.

Cada vaina alberga de 10 a 20 semillas.

CORTEZA: delgada, de color pardo oscuro, algo violácea y con fisuras longitudinales.

La corteza tiene muchos surcos longitudinales.

ALISO DEL CERRO
(Alnus jorullensis)

Alnus jorullensis H.B.K. var. *spachii* (Regel). Angiosperma
dicotiledónea de la familia Betuláceas.
Otros nombres comunes: aliso, aliso colorado,
aliso blanco, aliso criollo, aliso montano.

En condiciones ambientales adecuadas, como en la proximidad de los ríos, en suelos húmedos, profundos y ricos, alcanza los 25 m de altura y 40 cm de diámetro. Tiene fuste recto perfectamente maderable de hasta 5 m de largo. Su copa está formada por ramas medianamente gruesas, algo rojizas. La floración ocurre al principio de la primavera, generalmente antes de la brotación.

Encontramos esta especie como componente de la formación fitogeográfica conocida como selva tucumano-boliviana o yungas. Los elementos que la conforman se distribuyen en pisos altitudinales de vegetación, siendo el aliso del cerro componente de la zona más alta, entre los 1.300 y 2.500 m s.n.m., correspondiendo prácticamente al llamado piso de alta montaña o bosque montano. Suelen observarse a orillas de los ríos que bajan entre los cerros, desde los 900 m s.n.m. Las más densas y mejores masas boscosas se encuentran entre los 1.700 y 2.200 m cohabitando con el pino del cerro y asociándose hacia arriba con la queñoa (*Polylepis australis*), un árbol de alta montaña, típicamente tortuoso y achaparrado.

La madera del aliso del cerro es blanda, con peso específico de 0,440 kg/dm³, de coloración blanco-grisácea casi uniforme en albura y duramen, con leve brillo ligeramente plateado en la cara longitudinal, de veteado suave, textura fina y homogénea, con grano derecho. Sus fibrotraqueidas son elementos medianos a largos, con 1.200 a 1.400 micrones de longitud. Es una madera estable, de características semejantes a las de los *Nothofagus* de los bosques cordilleranos del Sur, siendo posible aplicar procesos de secado rápido con las

El aliso del cerro es el componente típico de los bosques montanos del noroeste argentino.

debidas precauciones para evitar las manchas típicas de zonas húmedas. Es poco durable para usos a la intemperie, siendo posible su preservación debido a buenas condiciones de absorción y penetración. Es de fácil trabajabilidad, apta para múltiples usos en carpintería general, encofrado, envases, tornería, etc.

El aprovechamiento del aliso del cerro no se ha desarrollado debido a las difíciles condiciones de accesibilidad de la región que ocupa.

HOJAS: caducas, simples, alternas, aovadas, con borde dentado, nervaduras prominentes y pubescentes en la cara inferior, de unos 15 cm de longitud por 7 de ancho; pecíolo de 2 a 3 cm de largo.

FLORES: especie diclino-monoica, o sea que en el mismo árbol se encuentran separadas las flores femeninas de las flores masculinas; las primeras conforman cortos amentos erectos de unos 20 mm de largo, mientras que las inflorescencias masculinas son amentos cilíndricos, agrupados en racimos péndulos de unos 12 cm de largo. La fecundación es anemófila (por el viento).

FRUTOS: tipo estróbilo, hasta 2,5 cm de largo, escamosos, con numerosas brácteas leñosas. Las semillas son pequeñas, de unos 2 mm, planas, bialadas, castaño-rojizas (se calculan 800.000 por kilogramo).

CORTEZA: lisa, grisácea, con placas castaño-anaranjadas en ejemplares jóvenes, tornándose luego agrietada y de color castaño-oscuro en la madurez.

Las hojas son anchas y de bordes dentados.

ARRAYÁN
(Luma apiculata)

Luma apiculata (DC.) Burret [= *Myrceugenella apiculata* (DC.) Kausel, *Myrceugenia apiculata* DC., *Eugenia apiculata* DC., *Eugenia affinis* Gill]. Angiosperma dicotiledónea de la familia Mirtáceas.
Otros nombres comunes: quetri, cuthu, palo colorado.

Arbol o arbusto muy ramificado de 2 a 12 m de altura con tronco de 20 a 35 cm de diámetro, alcanzando mayores dimensiones en el sur de Chile, donde supera los 20 m de alto. Tiene típica corteza color rojizo-canela caediza en placas y follaje perenne. Florece en el verano y los frutos maduran de febrero a abril.
En la Argentina se lo encuentra en la región cordillerana de Neuquén, Río Negro y Chubut. Es una de las especies más características y hermosas de la región lacustre de los Andes patagónicos, que atrae la atención por la tonalidad y la suavidad de su corteza. Suelen hallarse gran número de individuos formando bosques casi puros denominados arrayanales o quitrales.

Los más célebres son los de la Isla Victoria y los de la Península de Quetrihué, en el Lago Nahuel Huapi, que constituyen puntos de atracción turística (Quetrihué significa en lengua mapuche: "lugar donde hay quetris"). Se comenta que en estos bosques Walt Disney se inspiró para diagramar parte de la escenografía de la película *Bambi*; en

Las flores del arrayán son blancas y muy vistosas.

realidad, se ha constatado que ni él ni el dibujante argentino Florencio Molina Campos, que trabajó con el famoso cineasta norteamericano, conocieron este lugar.
La madera es dura, de buena calidad, apta para diversos usos. Presenta coloración amarillo-ocrácea, muy suave, que con el correr del tiempo se torna más oscura expuesta a la intemperie.
Brinda muy buenos resultados como ornamental, habiéndose difundido su uso en plazas y jardines de la región de donde es originario.

HOJAS: persistentes, simples, opuestas, brevemente pecioladas, aovadas, apiculadas, glabras o subglabras, de 1 a 3 cm de largo, coriáceas, de margen entero, verde oscuras en la cara superior, glaucas en la inferior. La variedad *nahuelhuapensis* posee hojas elípticas, atenuadas hacia ambos extremos o poco mucronadas, de 12 a 25 mm de largo por 7 a 16 de ancho; pecíolo de 1 a 2 mm.

FLORES: hermafroditas, tetrámeras, blancas, dispuestas en pedúnculos axilares más largos que las hojas, en número variable (1-3-5), con mayor frecuencia trifloros. Cáliz persistente, compuesto de cuatro sépalos cortos y obtusos. Corola formada por cuatro pétalos blancos, carnosos, glabros o pestañosos, insertos en las fauces del cáliz, libres. Estambres numerosos, sobresalientes, con anteras bitecas, introrsas. Ovario ínfero, bilocular, con los lóculos pluriovulados; estilo simple.

FRUTOS: bayas más o menos esféricas, negro-violáceas a la madurez, de 8 a 15 mm de diámetro, con el cáliz persistente, que alojan varias semillas reniformes, por lo general dos a cuatro. Son comestibles.

CORTEZA: es sin duda lo más característico y llamativo de esta especie. De color canela o rojo ladrillo, está salpicada de manchas blancas, debido a la caída en placas de la corteza vieja. Es lisa, sedosa y fría al tacto.

La corteza tiene una típica tonalidad rojiza.

Las hojas se disponen en forma opuesta sobre las ramas.

CALDÉN
(Prosopis caldenia)

Prosopis caldenia Burk. (= *Prosopis calden* Monticelli, *P. algarrobilla* Auet.). Angiosperma dicotiledónea de la familia Leguminosas (o Fabáceas), subfamilia Mimosoideas.

Arbol de porte mediano, que alcanza frecuentemente 11 o 12 m de altura, con tronco corto de hasta 2,5 m de alto y 1,5 de ancho. La copa es generalmente de gran desarrollo, semiesférica y de hasta 15 m de diámetro, con abundantes ramificaciones tortuosas. Es una leguminosa del mismo género al que pertenecen los algarrobos, con los cuales tiene mucha semejanza en su aspecto general, haciendo difícil su identificación a simple vista en la época del año en que carecen de follaje.

El caldén es una especie exclusiva de la Provincia fitogeográfica del Espinal, donde uno de sus distritos lleva su nombre. Forma asociaciones abiertas en las que predomina como especie arbórea de mayor desarrollo, acompañado por algarrobos, el chañar y el sombra de toro; en este ambiente las especies arbustivas son escasas, siendo frecuentes las formas herbáceas con predominio de gramíneas.

Al madurar los frutos caen al suelo, siendo muy apetecidos por el ganado de la región. Las pequeñas y duras semillas escapan al destrozo de la masticación, sufriendo una escarificación en su pasaje por el tubo digestivo, y cayendo con las deyecciones al suelo en condiciones óptimas para germinar.

Es la especie forestal característica de La Pampa, a tal punto que forma parte del escudo provincial. La madera es semipesada (peso específico aproximado: 0,650 kg/dm³). El duramen es castaño-amarillento, tornándose castaño-oscuro con el paso del tiempo. Presenta en los cortes longitudinales un veteado bien marcado pardo-rojizo oscuro. La madera es de textura gruesa con grano casi derecho. Durante varios años, en la ciudad de Buenos Aires se pavimentaban calles y avenidas importantes con tarugos de madera de 6 x 10 x 14 cm. Se hacían de algarrobo

Las hojas del caldén están divididas en pequeños folíolos y se disponen sobre ramas tortuosas.

o caldén, teniendo en ese aspecto características tecnológicas algo inferiores al algarrobo blanco, ya que cuenta con menor peso específico, es más blanda, con menor resistencia a la compresión y es más porosa, siendo su higroscopicidad el doble que la del algarrobo. Sin embargo, es más resistente al desgaste. Se utiliza en parquetería, aunque su coloración es un poco fuerte. La estructura de la madera la hace

Las inflorescencias superan el largo de las hojas.

apta para fabricación de duelas para cascos, canillas, bitoques y toda clase de envases de vino. Es muy durable en la construcción al aire libre, y pueden obtenerse muebles, marcos, umbrales, hormas, persianas, etc., con buena terminación con lustre o barniz.

HOJAS: alternas, compuestas bipinnadas, con uno o dos pares de pinnas por hoja, de unos 3,5 cm de longitud, con folíolos opuestos de número variable hasta 31 pares, insertos cada 1 o 2 mm de distancia entre sí, de color verde oscuro, de borde liso y unos 6 mm de largo. Son caducas, brotando generalmente después de la floración.

FLORES: hermafroditas, dispuestas en espigas de hasta 8 cm de longitud total, siendo de color amarillo levemente anaranjado.

FRUTOS: vainas amarillo-anaranjadas helicoidales de hasta 15 cm de largo por 8 mm de ancho, indehiscentes, que contienen hasta 40 semillas cada una, de color amarillo oscuro, semicirculares de unos 3 mm de diámetro. Los frutos maduran en diciembre o enero.

17

CANELO
(Drimys winteri)

Drimys winteri var. *chilensis* Forst. Angiosperma dicotiledónea de la familia Winteráceas.
Otros nombres comunes: boighe, fuñe, foiye.

Arbol de reducido porte, de 5 a 7 m de altura, tronco recto y follaje persistente.

Especie característica de los bosques andinopatagónicos, tiene una amplia dispersión que va desde Coquimbo, en territorio chileno, hasta la Isla Grande de Tierra del Fuego y la Isla de los Estados, en suelo argentino.

En la Argentina alcanza su mejor desarrollo en la zona oeste del Lago Argentino. Por su parte en Chile, donde la especie es frecuente, se ha documentado que el canelo ocupa diversos hábitat, evidenciando estas poblaciones adaptaciones morfológicas en hojas, flores y semillas para las diferentes condiciones ambientales donde vive.

Esta interesante dicotiledónea presenta gran semejanza con la estructura leñosa de las coníferas, ya que no posee tráqueas para la conducción de la savia sino solamente traqueidas y radios leñosos. El duramen, de color castaño-rosado, presenta un veteado longitudinal castaño-oscuro, bien demarcado. Tiene textura fina y homogénea, grano derecho a oblicuo, a veces muy sinuoso o revirado y un notable jaspeado de variada intensidad en la cara longitudinal. Es una madera moderadamente pesada, con peso específico superior a 0,550 kg/dm^3. Sus aplicaciones actuales son eminentemente locales, aunque sus características maderables la hacen apta para múltiples usos y aplicaciones decorativas.

Especie aromática, las hojas y la corteza del canelo tienen diver-

Las hojas del canelo son verde brillantes y algo duras.

sos usos en medicina popular (estimulante, antiescorbútico, tónico, etc.). Es el árbol sagrado de los araucanos.

Por su bello aspecto y follaje es muy recomendable para emplearlo en jardinería.

HOJAS: grandes (11 cm de largo) y semicoriáceas, de forma oval-lanceolada, borde entero, verde brillante en el haz y blanquecino en el envés, con una fuerte nervadura central.

FLORES: pequeñas (2 cm), con ocho a 20 pétalos de color blanco y cáliz con dos a tres hojitas cóncavas, irregulares y de color rojo intenso; tienen numerosos estambres. La fecundación es cruzada, ya que los óvulos de cada flor llegan a la maduración antes que su polen. Florece de octubre a noviembre.

FRUTOS: baya alargada de color marrón oscuro, con unas ocho semillas de 2 a 3 mm de largo.

CORTEZA: lisa y grisácea.

El follaje es persistente y muy decorativo.

CARDÓN
(Cereus coryne)

Cereus coryne Salm-Dyck [= *Stetsonia coryna* (Salm-Dyck) Britton *et* Rose]. Angiosperma dicotiledónea de la familia Cactáceas. Otro nombre común: cardón moro.

Gran cactus arbóreo de color verde grisáceo y con aspecto de gigantesco candelabro de hasta 8 m de altura, con tronco muy grueso y copa muy ramificada, posee ramas de forma cilíndrica, de 10 a 30 cm de diámetro, que a su vez están provistas de nueve a 15 costillas obtusas, más o menos crenadas. El tronco principal por lo general es grueso y corto —en ejemplares muy robustos alcanza los 60 cm de diámetro— ramificándose prontamente en numerosos brazos secundarios que se ramifican a su vez originando una copa muy densa, en ocasiones de más de 50 ramas de segundo o de tercer orden más o menos verticales.

Originario del Centro y Noroeste argentino en regiones con altas temperaturas estivales y reducidas lluvias. Frecuenta bordes de las salinas, conviviendo con otras plantas xerófilas y halófilas. En los sitios del Chaco que han sufrido importantes raleos por extracción forestal y sobrepastoreo, suele tornarse más abundante.

Su leño, desmenuzado y aglomerado, sirve para sustituir al corcho en aislamientos térmicos. Se cultiva este cardón para

Las espinas del cardón se ubican en areolas dispuestas en el dorso de las costillas de las ramas.

formar cercos vivos impenetrables. Los frutos son comestibles.

ESPINAS: blanquecinas, largas y duras, pero frágiles y punzantes, se hallan implantadas en las areolas, dispuestas en la parte cortical de las costillas en número de seis a 16 radiales y una central por cada areola.

FLORES: blancas o ligeramente rosadas, tienen el aspecto común a todas las especies de *Cereus*, miden de 12 a 15 cm de largo y otro tanto de diámetro y poseen gran número de pétalos y estambres. La flor permanece poco tiempo abierta.

FRUTOS: bayas amarillentas, de unos 6 cm de largo, carnoso-mucilaginosos de pulpa perfumada y sabor algo ácido muy apropiados para mitigar la sed. La planta encierra un alcaloide, la oxicandicina, relacionado con la adrenalina y las melaninas.

La copa tiene muchas ramas cilíndricas.

Las ramas tienen de 9 a 15 costillas.

CARDÓN DEL VALLE
(Trichocereus terscheckii)

Trichocereus terscheckii (Parm.) Britt. *et* Rose
(= *Cereus terscheckii* Parm.). Angiosperma dicotiledónea de la familia Cactáceas.
Otros nombres comunes: cardón, cardón grande.

En los primeros años de su vida el cardón del valle es columnar, luego se va ramificando y adquiriendo aspecto de candelabro. Alcanza de 10 a 12 m de altura, con ramas de varios metros de largo y 10 a 20 cm de diámetro, y con ocho a 14 costillas prominentes.

Las flores son grandes y muy bellas.

Es uno de los más robustos cactus de la región montañosa del Noroeste argentino, desde Salta hasta San Juan. Habita las serranías de mediana altura donde suele formar grandes consociaciones de millares de altos y erguidos ejemplares que les confieren a los cerros el aspecto de gigantescos alfileteros. Las ramas de los cardones suelen estar cubiertas de epífitas como líquenes y claveles del aire.

Se cultiva en gran parte de la Argentina cálida como planta de adorno, especialmente en jardines de roca. Proporciona madera liviana y resistente; llena de perforaciones naturales, muy indicada para fabricar cofres, pequeños muebles, etc. Es afín al cardón conocido por pasacana (*Trichocereus pasacana*), del que se diferencia, entre otros detalles morfológicos, por la mayor estatura, el porte más esbelto, el menor número de costillas y por las espinas rectas y más largas. Además, la última especie citada vive a mayores alturas que el cardón del valle. Las espinas son usadas por los lugareños como agujas para tejer medias.

ESPINAS: largas y rígidas, se ubican en areolas de las prominentes costillas en número de ocho a 15; son radiales, subuladas, amarillas, de hasta 8 cm de largo.

FLORES: grandes y vistosas, laterales y apicales, se abren por la noche. Alcanzan entre 15 a 20 cm de largo; son actinomorfas, hermafroditas y con el perianto formado por numerosas piezas que van pasando hacia el centro de sépalos a pétalos. Los estambres son numerosos; se disponen en dos series, una inferior inserta en la pared del tubo floral a diferentes alturas, y otra superior en anillos. El ovario es ínfero, unilocu-

Las espinas tienen hasta 8 cm de largo.

lar, pluriovulado, escamoso y con largos pelos.

FRUTOS: bayas en forma de barrilitos. Son dulces y comestibles.

El cardón del valle es un componente notable en las quebradas del Noroeste argentino.

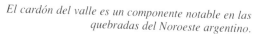

23

CARNAVAL
(Senna carnaval)

Senna carnaval (Speg.) (= *Cassia carnaval* Speg., *Cassia excelsa* Schrad., *Cassia leptophylla* Griseb non Wog). Angiosperma dicotiledónea de la familia Leguminosas (o Fabáceas), subfamilia Caesalpinoideas.

Otros nombres comunes: cañafístula macho, ramo carnaval.

Árbol sin espinas, de hasta 10 m de altura, de amplia copa, muy ramificada y extendida, de 6 a 10 m de diámetro cuando alcanza mayor desarrollo. El fuste es bajo, de alrededor de 2 metros.

Se trata de un hermoso representante indígena del género *Senna* (antes conocido por *Cassia*), del que unas 40 especies herbáceas, subarbustivas o arbóreas, todas muy decorativas, figuran en la flora argentina. El carnaval es sin duda la especie nativa de este género más bella y de mayor desarrollo.

Su área de distribución natural comprende América Central e Islas del Caribe y a lo largo de la región occidental sudamericana hasta el Noroeste de la Argentina en la selva tucumano-boliviana o yungas de las provincias de Salta y Jujuy. Desde aquí se ha extendido su cultivo a zonas templado-cálidas de la Argentina (Tucumán, Chaco, Corrientes, provincia de Buenos Aires y Capital Federal).

Desde mediados del verano —febrero a marzo— este árbol estalla en una prodigiosa floración amarillo-dorada que se mantiene por un lapso considerable. Como dicho período floral coincide con la jubilosa llegada de la chaya del Noroeste argentino, acontecimiento aguardado por todos los habitantes de la región, no faltó quien le endilgara el nombre "carnaval" al vegetal amigo que parecía asociarse con sus corolas al regocijo general.

La madera es blanda y liviana (peso específico: 0,529 kg/dm^3), de escasas aplicaciones económicas. Esta especie, por su belleza, posee un gran valor ornamental.

HOJAS: compuestas, paripinnadas, con raquis desprovisto de glándulas, de 20 a 27 cm de largo que llevan de 10 a 15 pares de folíolos elíptico-lanceolados, opuestos entre sí, acuminados, peciolulados y discolores. La cara superior es pubérula mientras que la faz inferior es pubescente, especialmente sobre las nervaduras principales y secundarias.

Detalle de la hoja compuesta, de folíolos elíptico-lanceolados.

Las flores amarillas del carnaval se disponen en panojas.

FLORES: hermafroditas, asimétricas, de hasta 4 cm de diámetro en amplias panojas terminales. Cáliz pequeño, con cinco sépalos aovado-orbiculares, cóncavos, los dos exteriores de unos 2,5 mm de largo por 2 mm de ancho; los interiores miden unos 6 mm de largo por 5 mm de ancho. Corola formada por cinco pétalos amarillo-dorados, desiguales y obovados, los tres superiores más pequeños y los dos inferiores más grandes, uno de ellos mucho mayor y falcado. Los siete estambres fértiles son iguales entre sí y más cortos que los pétalos inferiores, con anteras oblongas, dehiscentes por poros apicales. Tiene tres pequeños estaminodios con filamento de 2,5 a 3 mm. El ovario es curvo y cilíndrico, de 20 a 22 mm de largo y 1 mm de diámetro y encierra numerosos óvulos. Las flores de carnaval serían tóxicas para las abejas.

FRUTOS: legumbres colgantes, rectas o levemente curvadas, de color castaño oscuro, casi negras al madurar, su tamaño varía entre los 10 y 20 cm de largo, 1,5 a 2 cm de ancho y 1 a 1,5 de espesor. Estas vainas son apiculadas en el ápice, transversalmente tabicadas entre numerosas semillas ovoides y muy comprimidas lateralmente. Las semillas tienen unos 5 mm de largo, color castaño-oliváceo, con una pequeña depresión central aovada en cada cara, más clara.

Los frutos son legumbres colgantes.

CHAÑAR
(Geoffroea decorticans)

Geoffroea decorticans (Hook *et* Arn.) Burkart [= *Gourliea decorticans* Gillies ex H. *et* A., G. *spinosa* (Mol.) Skeels]. Angiosperma dicotiledónea de la familia Leguminosas (o Fabáceas), subfamilia Papilionoideas.

Cuando crece aislado es un árbol mediano de hasta 10 m de altura y 40 cm de diámetro en el tronco; mientras que se presenta como un arbusto de 1,50 a 4 m cuando crece en los bosquecillos puros denominados "chañarales" originados por las raíces gemíferas de la planta. Se ramifica casi desde la base del tronco. Este es tortuoso al igual que las ramas principales. Las ramillas poseen entrenudos breves y terminan en espinas duras que alcanzan los 2 cm de largo.

El chañar tiene una extensa distribución por el Centro y Norte de la Argentina, donde resulta una especie característica del dominio chaqueño.

Si bien este árbol se ha tornado escaso en los talares cercanos a la ciudad de Buenos Aires, en otras regiones incrementó notablemente su número como ha ocurrido en la mitad sur de San Luis y Córdoba y en el norte de La Pampa, donde forma bosquecillos puros, densos e impenetrables, constituyendo localmente un problema agropecuario.

La madera es blanco-amarillenta, medianamente pesada (peso específico: 0,585-0,600 kg/dm³), apta para carpintería, mueblería y carbón.

*Las flores del chañar
son amarillas y perfumadas.*

De aspecto humilde la mayor parte del año, cuando llega la primavera se despoja de su ropaje verde grisáceo y polvoriento para cubrirse con el manto amarillo dorado de sus infinitas flores y convertirse en uno de los mejores adornos de los campos. Resulta así una especie de gran valor ornamental.

Con sus frutos comestibles se prepara arrope, además de ser forrajero. El cocimiento de la corteza (cáscara de chañar) es empleado como expectorante e incluso industrializado localmente con este fin como jarabe y pastillas de chañar.

HOJAS: compuestas, imparipinnadas, alternas o fasciculadas sobre ramillas brevísimas y caedizas, con raquis de 1,5 a 5 cm de largo, glabro. Los folíolos son opuestos o subopuestos en número de siete a 11 por hoja, de forma oblongo-elíptica y de 6 a 30 mm de largo por 4 a 8 mm de ancho con ápice obtuso o emarginado. El folíolo terminal es mayor que los demás.

FLORES: están reunidas en racimos corimbosos de 2 a 5 cm de largo, en número de 10 a 40. El cáliz es acampanado, pubescente y con cinco dientes breves, triangulares, de 0,5 a 1 mm de largo. La corola se presenta amariposada, amarillo-anaranjada, con estrías rojizas; mientras que el estandarte posee una uña de 2 mm de largo con limbo extendido de unos 7 mm de alto y de ancho. La quilla tiene los pétalos libres. Posee 10 estambres, nueve soldados cerca de la base y uno libre, de 5 a 6 mm de largo. El ovario es piriforme, unilocular y pluriovulado, con el estilo de unos 4 mm de largo. La longitud total de la flor es de 0,8 a 1 cm.

FRUTOS: drupas globosas u ovoides parecidas a ciruelas secas, de 2 a 3 cm de largo, con mesocarpio dulce y comestible.

CORTEZA: parda, que se desprende en tiras longitudinales dejando ver la corteza nueva de lindo color verde, detalle notable de esta especie. Esta característica es a la que hace referencia su nombre específico *decorticans*. En los ejemplares jóvenes la porción externa se desprende anualmente, mostrando la típica tonalidad verde lustrosa; en cambio, en los ejemplares añosos, la corteza es rugosa, oscura y, aunque existe decortización, no llega a exhibir este color.

*Al desprenderse la corteza
deja a la vista un tronco
amarillo-verdoso característico.*

El follaje es intrincado y espinoso.

CIPRÉS DE LA CORDILLERA
(Austrocedrus chilensis)

Austrocedrus chilensis (D. Don.) Flor. *et* Boutl. [= *Libocedrus chilensis* (Don.) Endl., *Thuja chilensis* Don.]. Gimnosperma de la familia Cupresáceas.

Otros nombres comunes: ciprés, ciprés de los Andes, lipain.

Conífera de gran porte, por lo general entre 20 y 25 m de altura, con tronco recto de 30 a 50 cm de diámetro. Excepcionalmente alcanza los 37 m de altura y 1,5 m de diámetro. Tiene copa de forma piramidal, compacta, con las ramillas dispuestas en un solo plano. Algunos ejemplares impresionan por la robustez del tronco comparativamente con la copa. Sus poderosas raíces se extienden con un radio de 30 m, y aun más, alrededor del árbol.

Originario de los Andes patagónicos de Chile y la Argentina, desde Neuquén hasta alrededor de los 44°S en Chubut, es el árbol cordillerano que más avanza hacia la estepa patagónica, en grupos aislados o solitario. Crece en lugares pedregosos, bordeando por lo general las aguas de los ríos y lagos.

Proporciona madera blanda y liviana (peso específico: 0,495 kg/dm³). Presenta albura blanco-amarillenta y duramen castaño-ocráceo, con suave veteado en las caras longitudinal y tangencial. Tiene variadas aplicaciones en carpintería en general, construcciones de cercos, tabiques, tejuelas y postes, entre otros. También es utilizada en la fabricación de cajones de fruta, encofrados, marcos de puertas y ventanas, etc. La gran cantidad de nudos que presenta desmerece algo su calidad.

El ciprés de la cordillera fue muy utilizado como poste telefónico y telegráfico, luego de un tratamiento preventivo sencillo. Para tal fin se usaron árboles sanos que, en verde, o sea recién cortados (dentro de las 48 horas), recibían una impregnación, por ascensión, desde la base del poste, aplicándose sales a base de bicromato de potasio, sulfato de cobre, ácido clorhídrico y arseniato de sodio. La albura se impregna fácilmente y el duramen resulta prácticamente impenetrable.

La bella figura del ciprés de la cordillera le brinda un especial interés como ornamental, constituyendo la especie emblemática de San Carlos de Bariloche.

HOJAS: persistentes, pequeñas, escamiformes, dimorfas; las laterales aquilladas, de 2 a 4 mm de largo, curvadas, provistas de bandas estomáticas blanquecinas; las antero-posteriores, decurrentes en toda su longitud, mucho más cortas que las laterales (1 a 3 mm de largo).

FLORES: es una especie monoica, aunque existen ejemplares dioicos. Los amentos masculinos son cilíndricos, de color castaño, de hasta 5 mm de largo y dispuestos en la parte terminal de cortas ramitas. Los conos femeninos son ovoides, castaños, de 1,3 a 2 cm de largo, compuestos por dos pares de escamas opuestas, siendo las dos inferiores de la mitad del largo de las superiores y estériles.

SEUDOFRUTOS: conos coriáceos, ovoide-oblongos, un tanto aplanados, de 8 a 15 mm de largo por 6 a 8 de ancho; de color amarillento, canela claro o rojizos. Compuestos de dos pares de escamas subleñosas, el inferior pequeño y atrofiado, el superior más largo y con un pequeño mucrón subapical. Las semillas se ubican en número de una a dos por escama del cono, ovoides, apiculadas, amarillentas, de 3 a 5 mm de largo, provistas de un ala lateral bien desarrollada y de un margen alado en la parte opuesta. Según Alberto Castiglioni, 1 kg contiene 360.000 semillas aproximadamente.

CORTEZA: en los árboles jóvenes, lisa o algo escamosa, grisácea con tonos rojizos; en los adultos, gruesa, castaño-amarillenta o algo rojiza, fibrosa, surcada irregular y longitudinalmente.

La figura de este ciprés brinda un sello característico a los rodales que avanzan sobre la estepa.

Las hojas del ciprés de la cordillera son pequeñas y con forma de escamas.

COCHUCHO
(Fagara coco)

Fagara coco (Gill.) Engl. (= *Zanthoxylum coco* Gill.). Angiosperma
dicotiledónea de la familia Rutáceas.
Otros nombres comunes: coco, saúco hediondo, curá turá.

Arbol que alcanza los 12 m de altura y más de 70 cm de diámetro en el tronco.

Este árbol es frecuente en la región serrana de la Argentina, desde Salta hasta Córdoba y San Luis. En las selvas tucumanobolivianas está presente en el nivel inferior de vegetación y en la zona de transición con el parque chaqueño. En la parte alta de las sierras de Córdoba y San Luis, entre los 1.500 y 1.700 m s.n.m., toma forma de arbusto.

Sus hojas desprenden un olor desagradable al ser restregadas, hecho que ha llevado a la planta a tomar el nombre de saúco hediondo. Florece a partir de agosto y fructifica desde octubre. El nombre de la localidad cordobesa de Los Cocos, se debe precisamente a este árbol.

La madera del cochucho es de color amarillo, moderadamente pesada (peso específico: 0,662 kg/dm^3), ligeramente veteada y blanda, fácil de trabajar. Tiene

Las flores son pequeñas, unisexuales y dispuestas en racimos.

Los frutos son subglobosos y contienen una semilla cada uno.

aplicaciones locales para carpintería, mueblería, cajas armónicas de instrumentos musicales, enchapados, entre otros usos.

La corteza es curtiente y tiene un 8% de tanino. Las hojas son utilizadas en medicina popular, pues poseen propiedades sudoríficas, diuréticas y estimulantes, además de un aceite esencial de olor desagradable. También se emplean en tintorería indígena para obtener colores oscuros.

HOJAS: compuestas, pinnadas. El pecíolo y raquis tienen una longitud variable (de 20 a 60 cm), son glabros con aguijones rectos, dorsales. Folíolos opuestos, en número variable de pares, por lo general tres a

siete; éstos son lanceolado-agudos, membranáceos, de 4 a 8 cm de largo por 1 a 2 de ancho, de borde aserrado.

FLORES: unisexuales, agrupadas en largos racimos compuestos de hasta 25 cm de largo, verde-blanquecinas. Las masculinas poseen cinco sépalos pequeños, cinco pétalos oblongo-lanceolados, de unos 2,5 mm de largo por 1 de ancho; cinco estambres, tan altos como los pétalos; gineceo rudimentario. Flores femeninas similares a las masculinas, pero con los pétalos más largos y angostos. Ovario súpero, giboso, unilocular y biovulado, de estilo corto y estigma capitado, cuya altura total es de 2 mm.

FRUTOS: folículos subglobosos, pardo-verdosos a morados, de 5 a 7 mm de diámetro, cada uno de los cuales aloja una sola semilla subglobosa, negra y lustrosa.

CORTEZA: grisácea típicamente cubierta de gruesos aguijones cónicos o ensanchados transversalmente.

El tronco del cochucho tiene notables aguijones cónicos.

COIHUE
(Nothofagus dombeyi)

Nothofagus dombeyi (Mirb.) Blume. (= *Fagus dombeyi* Barb.).
Angiosperma dicotiledónea de la familia Fagáceas.
Otros nombres comunes: coigüe o coygüe.

Es un árbol con hermoso fuste, a menudo con ramificaciones poderosas y elegantes. Posee gran porte, alcanzando los 45 m de altura y los 2 m de diámetro. En contraste con su imponente altura y ramazón, el follaje está constituido por pequeñas hojas verde oscuro lustrosas.

Exclusivo de la Argentina y Chile, se encuentra distribuido en los faldeos andino-patagónicos, entre los 700 y 1.200 m s.n.m. Es una especie arbórea dominante en los densos bosques del Sur, creciendo en formaciones puras, pero también asociada al ciprés de la cordillera en las zonas rocosas y de escasa humedad, y a la lenga, el raulí o el alerce, en las más húmedas. Los hábitat más favorables para la especie son los cerros de poca altura con suaves pendientes. Su exigencia en suelo y humedad se evidencia debido a que los mayores bosques de coihue se encuentran sobre las laderas orientadas hacia el Sur. También es frecuente hallarlo a orillas de los grandes lagos, en compañía de un denso sotobosque de caña coligüe (*Chusquea coleou*).

A modo de ejemplo, encontramos bosques representativos de los descritos en el Parque Nacional Los Alerces, en Chubut, y en las cercanías del lago Quillén en Neuquén. En el camino entre Puerto Blest y Laguna Frías, en el Parque Nacional Nahuel Huapi, existía un ejemplar conocido como "El Abuelo", de 40 m de altura y una edad aproximada de 650 años, que se ha caído recientemente. Lucas Tortorelli menciona otro ejemplar que también causó atracción turística, cayendo abatido por un fuerte temporal en 1954 y que medía 42,5 m de alto y 2,55 m de diámetro a la altura del pecho, sumando un volumen total de madera, incluidas las ramas, de 87 m³.

Las hojas del coihue tienen forma de punta de lanza.

Resulta frecuente hallar en las ramas y troncos del coihue, al igual que en todas las especies del género *Nothofagus*, un hongo denominado llao-llao (*Cyttaria darwinii*) que produce tumores en forma de abultamientos rugosos.

La madera es excelente, pero su consumo se encuentra limitado porque los mejores bosques se encuentran dentro de áreas protegidas y en otros casos por el deficiente estado sanitario. En Chile se explota ampliamente. La albura de la madera presenta un color blanco-grisáceo, similar al duramen, que es blanco-rosado pálido, oscureciéndose poco tiempo después de cortado. La madera del coihue es brillosa y en su corte longitudinal presenta una estructura muy homogénea, con un leve jaspeado en el sentido radial debido al corte de los radios leñosos. La textura es fina, siendo derecha la disposición de los elementos del leño, lo cual contribuye a hacerla una madera de fácil trabajabilidad con todo tipo de herramientas y para la aplicación de clavos y encolados. Asimismo se obtiene un acabado perfecto mediante barniz o lustre. Los anillos de crecimiento son bastante demarcados, dando lugar a un veteado suave en el corte longitudinal.

Puede considerarse al coihue de interés ornamental, dado que su presencia en las áreas urbanizadas mantiene una parte sustancial del particular paisaje de los bosques patagónicos.

HOJAS: persistentes, de 3 cm de largo por 1,5 de ancho, lustrosas, coriáceas, de color verde oscuro, de forma lanceolada, con bordes aserrados, ápice agudo y base disminuida, algo oblicua, cortamente pecioladas con estípulas lineal-lanceoladas.

FLORES: especie diclino-monoica, es decir con flores por separado masculinas y femeninas en el mismo árbol. Son axilares, brevemente pedunculadas, reunidas de a tres, tanto las masculinas como las femeninas.

FRUTOS: son triaquenios de unos 4 cm de longitud, los dos laterales trialados y el central bialado.

CORTEZA: finamente rugosa.

Los troncos pueden alcanzar grandes dimensiones y están cubiertos por una corteza rugosa.

GUARANINÁ
(Bumelia obtusifolia)

Bumelia obtusifolia Roem. *et* Schult. subesp. *excelsa* (A. DC.)
Cronquist. (= *Bumelia excelsa* A. DC.). Angiosperma dicotiledónea
de la familia Sapotáceas.
Otros nombres comunes: cabo de lanza, chiri-molle, guayaibí-raí,
horco-molle, ivirá-hú, iviráni-rá, ivirá-niná, lanza colorada, molle del
monte, molle negro, palo de lanza, palo piedra, quebrachillo de la costa.

Arbol espinoso, de 5-15 m de altura y 30-60 cm de diámetro. Pueden hallarse ejemplares de 20 m de altura y 90 cm de diámetro. Copa ramosa y redondeada, frecuentemente con ramas péndulas que le dan cierto aspecto de sauce llorón (*Salix babylonica*), especialmente los que crecen en lugares húmedos. Las ramas jóvenes son espinescentes, con abundantes braquiblastos.

Su área de distribución es muy amplia en América, desde México hasta Paraguay y Brasil meridional. En la Argentina el guaraniná se encuentra en Jujuy, Salta, Tucumán, Santiago del Estero, norte de Córdoba, Formosa, Chaco y Santa Fe; también en Misiones, Corrientes y el norte de Entre Ríos. Habita diferentes comunidades, menos las de suelo anegado, como selvas más o menos húmedas, cercanías de los cursos de agua y bosques xerófilos. En Tucumán es propia del bosque chaqueño.

Los ejemplares pequeños pueden confundirse con el piquillín (*Condalia buxifolia*).

Según Miguel Lillo el nombre de palo de lanza nació al comenzar la Guerra del Paraguay, cuando los invasores de Corrientes hicieron los cabos de sus lanzas con los varejones derechos de este árbol.

Su madera es pesada (peso específico: 0,830 kg/dm^3), de color dorado-amarillo-ocre, tanto la albura como el duramen, con un veteado suave y espigado, ligeramente brillosa, combinación que le otorga una singular belleza. Es madera de textura fina y heterogénea con sensible inclinación del haz longitudinal de los elementos constitutivos con respecto al eje longitudinal del tronco. La tarea de secado de las tablas presenta ciertas dificultades debido a problemas de inestabilidad por su alto porcentaje de contracción volumétrica (16,3%), aconsejándose

corte radial en estado verde para evitar su posible abarquillado y el tratamiento con fungicidas para controlar el manchado de la madera.

Debido a que es madera semidura a dura debe trabajarse con herramientas filosas, obteniéndose buena terminación, superficies lisas, brillantes, muy aptas para preparación de parquets y maderas para pisos en general. No es apta para usos en contacto con el suelo o ambientes húmedos, salvo tratamientos de impregnación previos. Su trabajabilidad es buena, fácil de cepillar, permitiendo su utilización en mueblería, carpintería local, en construcción de carrocerías, etc.

En algunas zonas, los rollos y tramas no aserrables se utilizan para la elaboración de carbón, con buen resultado.

HOJAS: simples, pubescentes cuando jóvenes, glabras después, en fascículos sobre braquiblastos, lámina elíptica u obovada, de 2-4 cm de largo por 7-20 mm de ancho y margen entero.

FLORES: se ubican sobre inflorescencias con dos-ocho flores, dispuestas sobre los mismos braquiblastos que sostienen las hojas. Florece de setiembre a diciembre.

El follaje del guaraniná es denso e intrincado.

FRUTOS: tipo drupa, carnoso, morado oscuro, ovoideo, de 1 cm de largo por 7 mm de ancho, glabro, liso. Es agradable al paladar, pero consumido en exceso produce irritación de las mucosas bucales. Porta una semilla ovoidea de 8 mm de largo por 8 mm de ancho, dura, lisa, de color castaño. Fructifica de diciembre a febrero.

CORTEZA: tiene surcos longitudinales, oscura, latescente al ser cortada.

Carro leñero, rústica utilización local.

GUAYACÁN
(Caesalpinia paraguariensis)

Leguminosas

Caesalpinia paraguariensis (D. Parodi) Burkart (= *Caesalpinia macrocarpa* Griseb.). Angiosperma dicotiledónea de la familia Leguminosas (o Fabáceas), subfamilia Cesalpinoideas.
Otros nombres comunes: alagania (toba), guayacán-hú, ivirá-verá (guaraní, "árbol que brilla").

Arbol inerme, de 8 a 15 hasta 20 m de altura, tronco de 30-60 cm y hasta 1 m de diámetro. Su copa muy amplia, redondeada, poco densa, debido a lo delicado del follaje, da poca sombra. Tronco relativamente corto.

Es una especie de amplia distribución en el bosque chaqueño, desde el Centro-Oeste de Brasil, Bolivia y Paraguay, hasta el norte de la Argentina: Jujuy, Salta, Tucumán, Catamarca, Santiago del Estero, Formosa, Chaco y norte de Santa Fe y, trasponiendo el río Paraná, en el noroeste de Corrientes; resulta escasa en el norte cordobés y una rareza en San Luis.

El sámago, de coloración blanco-rosada, rodea al duramen de color castaño-oscuro a violado-oscuro casi negro, con veteado y brillo suave. Su peso específico, de 1,180 kg/dm^3, nos da las notorias características de una madera pesada y dura. La textura de la madera es fina y homogénea con grano entrelazado, que la hace de difícil trabajabilidad. Muchas especies del género *Caesalpinia* tienen cierto porcentaje de tanino, tanto en la madera como en los frutos, especialmente en estos últimos. En el guayacán se mencionan existencias del 24-29% en los frutos y del 8% en la madera, habiéndose realizado su industrialización y comercialización en épocas críticas, junto con el tanino del urunday.

La madera es muy apreciada por su gran duración a la intemperie, bajo agua o enterrada, encontrando excelente utilización como durmientes, postes, construcciones hidráulicas, pilotes y armazón de puentes, tranqueras, varillas de alambrados, etc., entre otros usos. También encuentra aplicación en la fabricación de diversas partes de instrumentos musicales, como diapasones, botones, mentoneros, cejillas y clavijas de violines y guitarras, etc. Se menciona su semejanza en propiedades físico-mecánicas, organolépticas y de estructura con la madera de "ébano", a la que podría reemplazar en algunos usos.

Su empleo como leña puede ser superior al del quebracho colorado, por poseer mayor poder calórico (4.200 kcal/kg), dando excelente carbón. La corteza es usada en medicina popular y en Corrientes, según Raúl Martínez Crovetto, se la coloca en el agua del mate para "purificar" la sangre.

Los frutos del guayacán son vainas duras y negra lustrosas.

HOJAS: alternas, compuestas, bipinnadas, con el raquis principal glabro, de 2 a 5 cm de largo, con dos a cuatro pares de raquis secundarios laterales, opuestos y uno terminal, de 1 a 3 cm de largo, cada uno con seis a 10 pares de folíolos opuestos subsésiles, oblongos o elípticos, de 3 a 7 mm de largo por 1,5 a 3 mm de ancho, ápice obtuso, margen entero, la nervadura central manifiesta, las secundarias inconspicuas. Cuando tiene hojas nuevas se lo distingue por el color ferrugíneo de su follaje.

FLORES: pequeñas, agrupadas en inflorescencias en racimos axilares de 1,5 a 4 cm de largo, con ocho a 15 flores amarillo-anaranjadas, que aparecen de setiembre a noviembre.

FRUTOS: vaina leñosa, indehiscente, orbicular u ovoide, algo comprimida lateralmente de 2 a 6 cm de largo por 2 cm de ancho y menos de 1 cm de grosor, negra lustrosa, ápice obtuso generalmente con un pequeño mucrón. Los frutos permanecen en el árbol hasta casi la siguiente floración. Semillas de forma variable, ovoideas de 8 por 5 mm, algo comprimidas, de una a ocho por vaina, castaño-rojizas a castaño oliváceas, lisas, algo lustrosas.

CORTEZA: delgada, lisa, castaña, castaño-verdosa o gris-verdosa que se desprende en placas (a la manera de muchas mirtáceas) dejando manchas irregulares de color verde claro, ocre o herrumbre muy características.

La corteza es colorida, lisa y dispuesta en placas caedizas.

GUINDO
(Nothofagus betuloides)

Nothofagus betuloides (Mirb.) Blume. Angiosperma dicotiledónea de la familia Fagáceas.

Otros nombres comunes: coihue blanco, coihue magallánico, coihue del Sur, coihue de Tierra del Fuego, coibo, upaya, ouchpaya, roble de Magallanes.

Arbol de copa angosta y denso follaje perenne que alcanza los 25 m de altura y un tronco de 60 cm de diámetro, aunque en sitios favorables de suelos profundos puede llegar a 35 m de alto y 1,2 m de ancho en su tronco.

Habita el Distrito Magallánico, el más austral de los bosques andino-patagónicos, donde constituye una de las especies arbóreas más representativas junto con la lenga y el ñire. Se distribuye por la cordillera andina desde el centro de la provincia de Santa Cruz, y principalmente en Tierra del Fuego, hasta el canal Beagle y la isla de los Estados.

Tiene exigencias de humedad similares al coihue, pero prefiere temperaturas más bajas. Crece en suelos ricos, disminuyendo la calidad de su fuste y porte en suelos pedregosos, donde se torna achaparrado y tortuoso.

Presenta una madera semipesada, resistente y blanda, que permite una fácil trabajabilidad con todo tipo de herramientas o para ser curvada con el uso de vapor. Su albura es de color blanco-amarillento con ligera tonalidad grisácea. El duramen es blanco-rosáceo muy atrayente por su suave brillo plateado. Tiene textura fina y homogénea, grano derecho y un ligero veteado. Los anillos de crecimiento son demarcados. Las fibras y fibro-traqueidas tienen pared delgada y una longitud media de 900 micrones.

Posee mejor comportamiento que la madera de coihue en el proceso de secado, sin embargo

Las hojas del guindo son persistentes y de borde aserrado.

HOJAS: perennes, simples, alternas, pinatinervadas, de forma aovada a subrómbica, de 2 cm de largo por 1 de ancho, de borde aserrado, coriáceas, rígidas y brillantes en su cara superior. Presenta glándulas resiníferas en la cara inferior.

FLORES: unisexuales, monoicas (los dos sexos en el mismo árbol), siendo las masculinas axilares y solitarias, con pedúnculo corto; las femeninas, reunidas en inflorescencias cimosas.

FRUTOS: compuestos por tres aquenios, rodeados por una cúpula; el central comprimido y bialado y los dos laterales trialados.

CORTEZA: lisa y oscura en las ramas terminales.

éste debe ser cuidadoso, tanto en el secado natural como en el de hornos. Para ser utilizada a la intemperie deben realizarse tratamientos preventivos con fungicidas, debido a su poca durabilidad.

Tiene numerosas aplicaciones en mueblería, principalmente para muebles tallados, tornería, en escultura religiosa, cubiertas de embarcaciones, etc. También en trabajos de ornamentación y decorados de interiores, como láminas y maderas compensadas o madera maciza, debido a la notable similitud con la madera del nogal europeo (*Juglans regia*). A la vez, se la utiliza en tonelería, para cortinas y carpintería general, ofreciendo buenas condiciones para tomar colas, lustre, tintes y barnices.

El guindo es un árbol de primera magnitud dentro del bosque magallánico.

HORCO-CEBIL
(Parapiptadenia excelsa)

Parapiptadenia excelsa (Griseb.) Burk. [= *Piptadenia excelsa*
(Griseb.) Lillo, *P. communis* Benth. var. *excelsa* Griseb.]. Angiosperma
dicotiledónea de la familia Leguminosas (o Fabáceas), subfamilia
Mimosoideas.
Otros nombres comunes: cebil, sebil, sevil, cebil blanco, sacha cebil.

Arbol mediano, en general de unos 20 m de altura, aunque en rodales puros y con buenas condiciones sobrepasa los 25 m; el diámetro en el tronco es de 60 a 80 cm.

Crece naturalmente en la selva subtropical tucumano-boliviana o yungas, especialmente entre los 600 y 900 m de altitud, pero también alcanza los 1.500 m s.n.m. En la porción más baja de las laderas es frecuente hallarlo junto al curupay, el guayaibí, el palo blanco y el palo amarillo, árboles dominantes que conforman el Distrito yungueño de las Selvas de Transición.

De fuste esbelto, presenta un hermoso follaje. Florece entre setiembre y noviembre, siendo los frutos de maduración estival.

La madera del horco-cebil es de un pálido color rosado, con poca diferenciación entre albura y duramen, siendo este último ligeramente más oscuro. Presenta brillo y veteado suave ligeramente espigado. Posee textura fina a mediana y grano oblicuo. Se ubica entre las maderas pesadas (peso específico: 0,880 kg/dm³) con anillos de crecimiento suavemente demarcados.

Es una madera con fuerte contracción volumétrica (17,7%), con marcada tendencia a deformarse y rajarse con facilidad, provocando inconvenientes en su secado, que debe hacerce lentamente. El secado artificial, con proceso de reacondicionamiento con vapor, permite obtener un material suficientemente estable. No es apta para la utilización en contacto con el suelo; en

cambio es durable para usos a la intemperie, donde no sufre la acción de la humedad permanente, y no es atacada ni manchada por los hongos.

Es una madera dura, difícil de aserrar y trabajar cuando está seca. Se pueden obtener superficies lisas al cepillar, que toman bien los lustres y barnices. No es apta para impregnar. Es de calidad inferior al curupay, utilizándose en carpintería rural, construcciones al aire libre, en puertas y ventanas, etc.

Tanto la corteza como los frutos y las semillas contienen alcaloides.

HOJAS: caducas, compuestas, alternas, bipinnadas, de hasta 12 cm de largo (incluido el pecíolo), con tres a ocho pares de raquis secundarios opuestos o subopuestos, cada uno de éstos de 4 a 8 cm de largo, con folíolos numerosos (15 a 40 pares), de unos 6 a 9 mm de largo y 2 de ancho, opuestos, discolores, con la nervadura principal submarginal.

FLORES: de 4 a 5 mm de largo, de color amarillento, sésiles, cáliz y corola glabros y campanulados. Estambres 10, sobresalientes, con filamentos glabros. Ovario súpero, unilocular, pluriovulado. Las flores están agrupadas en espigas axilares cilíndricas, péndulas, multifloras,

Detalle de la hoja compuesta del horco-cebil.

de 6 a 7 cm de largo por 7 mm de ancho.

FRUTOS: son vainas coriáceas aplanadas de 10 a 15 cm de largo por 1 de ancho, castaño oscuras, dehiscentes. Dejan caer en verano numerosas semillas de color castaño, lisas, chatas, suborbiculares, de unos 7 mm de diámetro, encontrando generalmente seis a 15 por vaina.

CORTEZA: rugosa, delgada, surcada longitudinal y transversalmente, caediza.

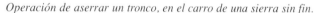

Operación de aserrar un tronco, en el carro de una sierra sin fin.

HORCO-MOLLE
(Blepharocalyx gigantea)

Blepharocalyx gigantea Lillo (= *Blepharocalyx montanus* Lillo).
Angiosperma dicotiledónea de la familia Mirtáceas.
Otros nombres comunes: cocha-molle, palo barroso.

Este espléndido árbol es la mirtácea argentina de mayor porte, dado que alcanza de 30 a 40 m de altura con un diámetro de 1 a 1,5 m en el tronco; éste es recto. El horco-molle es propio de la selva tucumano-boliviana o yungas, encontrándoselo en la Argentina desde Salta hasta Catamarca, por lo general entre los 500 y 1.500 m s.n.m., en lugares húmedos, especialmente en laderas orientadas hacia el este. Según el botánico Teodoro Meyer, es el árbol de mayor altura y más característico de las selvas del sur de la provincia de Tucumán; por ejemplo en la selva húmeda de Las Pavas se observan enormes ejemplares de hasta 40 m de alto y 1,5 m de diámetro. Este gigantesco árbol fue descrito por primera vez por el sabio tucumano Miguel Lillo, en el año 1911. Su nombre común significa en quechua "molle del cerro"; pese a ello no está rela-

Las hojas del horco-molle son opuestas y simples.

cíolo de unos 5 mm de longitud. Al ser restregadas exhalan un olor aromático que recuerda el de la trementina.

FLORES: hermafroditas, tetrámeras; cáliz de cuatro sépalos caedizos, cuatro pétalos blanco amarillentos, aovado-suborbiculares, ciliados, prontamente caducos; estambres numerosos, dispuestos en varias series sobre un disco más o menos cuadrangular; el ovario es ínfero, bilocular, pluriovulado, estilo de unos 4 mm de largo con estigma pequeño.

FRUTOS: bayas globosas, amarillentas a la madurez, glabras, carnosas, que alojan de una a dos (raramente cuatro) semillas castañas, de unos 5 mm de diámetro.

CORTEZA: rugosa, gruesa y parda, con cierta apariencia de estar embarrada, de donde proviene el nombre de palo barroso.

cionado con los auténticos molles (*Schinus*).

La copa es relativamente angosta, y el follaje, persistente, verde brillante y aromático, cargado generalmente de epífitas. Florece entre octubre y diciembre, fructificando de diciembre a marzo.

Produce madera pesada (peso específico: 0,820 kg/dm^3) y dura, de color pardo-amarillento, con albura algo más clara, suavemente veteada. Presenta sólo aplicaciones locales para carpintería, construcciones, pisos, etc.

HOJAS: persistentes, simples, opuestas, glabras, de lámina aovado-lanceolada, de 3 a 7 cm de largo por 1,3 a 3 de ancho, acuminadas en el ápice (a veces apiculadas), con borde entero, brillantes, con numerosos puntos traslúcidos (glándulas aromáticas), con la nervadura media impresa en la faz superior y un tanto prominente en la inferior. Pe-

El horco-molle también recibe el nombre de palo barroso por el aspecto de su corteza.

Habitualmente las ramas están cubiertas de epífitas.

Itín
(Prosopis kuntzei)

Prosopis kuntzei Harms.(= *Prosopis casadensis* Penzig, *P. barba-tigridis* Stuckert). Angiosperma dicotiledónea de la familia Leguminosas (o Fabáceas), subfamilia Mimosoideas. Otros nombres comunes: barba de tigre, jacarandá, yacarandá, carandá, palo mataco, targuec (toba).

Arbolito o árbol espinoso, subáfilo, de 4 a 10 m de altura, con el tronco de 15 a 20 cm de diámetro, tortuoso y relativamente corto (no más de 2,5 m en los ejemplares de mayor altura), de aspecto singular y característico. Frecuentemente no alcanza las dimensiones arbóreas, manteniéndose como simple arbusto espinoso.

Es una especie típica del bosque chaqueño seco de quebracho colorado santiagueño, siendo capaz de colonizar las sabanas sobrepastoreadas. El área de distribución del itín se extiende desde la región chaqueña de Bolivia y Paraguay al Norte argentino: Salta, Formosa, Chaco, Santiago del Estero, La Rioja, Santa Fe y Corrientes, hasta el norte de Córdoba.

Ramas espinescentes, las jóvenes relativamente rígidas, de 1 a 3 mm de diámetro, provistas de ocho a 12 estrías longitudinales, sobre estas ramas nacen las hojas prontamente caducas. Las ramas adultas son muy rígidas, de 3 a 8 mm de diámetro, con estrías longitudinales menos notables o inconspicuas, terminadas en espinas punzantes.

La madera es muy pesada (peso específico: 1,150 kg/dm³) y también muy dura, superior al quebracho colorado y con una notoria característica de ser casi igual en ambos sentidos (en la dirección de las fibras y en dirección normal a las mismas). Es de difícil trabajabilidad y muy limitado su uso en carpintería general. Al efectuar el corte transversal observamos que tiene poca albura blanco-amarillenta, siendo casi todo el duramen de color pardo oscuro. Los elementos constitutivos de la madera son pequeños, dándonos una textura fina y homogénea con grano oblicuo.

Tiene una muy buena resistencia a la flexión, y encuentra excelente aplicación para hacer rayos de ruedas para carros, astas de

El follaje del itín es intrincado y espinoso, usualmente sin hojas.

lanzas, cabos de elementos para la agricultura, bastones, etc. También es apta para trabajos de torno y objetos de fantasía, como bochas, cajas finas, etc. En la fabricación de muebles los productos obtenidos con madera de itín resultan vistosos por su color oscuro y brillo suave.

La madera contiene tanino, que le otorga una notable duración bajo tierra, propiedad que la hace muy buena para utilizarla como postes de alambrado. También se la utilizó mucho para fabricar "tarugos" o "adoquines" de madera. Constituye un excelente combustible de alto poder calorífico.

La corteza y la raíz del itín se utilizan para teñir de color negro la lana.

Las flores son pequeñas y dispuestas en racimos cilíndricos.

Actualmente su utilización es muy local, por la poca disponibilidad de madera, debido a su conformación tortuosa y su deficiente estado sanitario.

HOJAS: follaje muy efímero, constituido por hojas pequeñas, uniyugas, alternas, bipinnadas, con tres a cinco pares de folíolos por pina, que son oblongos y de 5 a 10 mm de largo. Se mantienen sobre la planta no más de 30 días.

FLORES: pequeñas, blanco-amarillentas hasta rosadas, reunidas en inflorescencias, en racimos espiciformes, cilíndricos, de 5 a 8 cm de largo, multifloros, péndulos, alternadamente dispuestos o más raramente reunidos en fascículos. Florece de setiembre a noviembre.

FRUTOS: vaina leñosa, oscura, lustrosa a la madurez, recta o algo encorvada, levemente comprimida lateralmente, alargada, de 10 a 30 cm de largo por hasta 2,5 cm de ancho y aproximadamente 1 cm de espesor, a veces con algunas estrangulaciones levemente marcadas en el borde, con el extremo generalmente agudo. Fructifica desde diciembre manteniendo los frutos hasta agosto. Las semillas se encuentran de seis a 14 por vaina, son castañas, lisas, ovoideas, comprimidas lateralmente, de 10 a 13 mm de largo por 5 a 6 mm de ancho.

CORTEZA: pardo-grisácea, delgada, con surcos longitudinales poco profundos.

JACARANDÁ
(Jacaranda mimosifolia)

Jacaranda mimosifolia Don (= *Jacaranda ovalifolia* R. Br., *J. chelonia*
Griseb.). Angiosperma dicotiledónea de la familia Bignoniáceas.
Otro nombre común: tarco.

Arbol de mediano porte, con una talla máxima de hasta 20 m y un diámetro en el tronco de 60 a 70 cm, de fuste bastante recto de 6 a 8 m de altura. Las ramas son escasamente pubescentes, en general lenticeladas.

Es nativo de Brasil, Bolivia y Noroeste de la Argentina, donde habita en el piso de vegetación inferior de las selvas tucumano-bolivianas o yungas, entre los 500 y 800 m s.n.m., y en la zona de transición con el Chaco. En la actualidad, se observa un asilvestramiento incipiente en Entre Ríos y la isla Martín García (Buenos Aires).

El follaje es tardíamente caduco, en tanto que los frutos se mantienen verdes durante largo tiempo en el árbol. Comienza a florecer en primavera al tiempo que sus ramas sin hojas muestran los primeros brotes.

Proporciona madera semidura y semipesada, de color blanco-amarillento con suave veteado. Es apta para diversos usos como muebles, revestimientos, tallas y carpintería en general.

Su elegante porte, sumado a las delicadas hojas compuestas semejantes a los frondes de un helecho y las atractivas flores azul-violáceas, lo definen como uno de los más bellos árboles indígenas, cultivado no sólo en la Argentina sino también en el exterior. Tan es así que fue rival del seibo (*Erythrina crista-galli*) en la elección de la flor nacional argentina, en donde se impuso este último.

En medicina popular son utilizadas las hojas como antisifilítico y la corteza como anticonceptivo.

HOJAS: compuestas, grandes, opuestas, decusadas, bipinnadas, de hasta 60 cm de largo incluido el pecíolo; el raquis lleva de 14 a 24 pares de pinas subopuestas, que a su vez tienen de 15 a 30 pares de folíolos sésiles, aovado-oblongos, agudos, mucronados, de 6 a 8 mm de largo, siendo el terminal más largo y acuminado, de hasta 20 mm. La cara superior de las hojas es de color verde oscuro, siendo la inferior más clara. Los folíolos son los primeros en caer en el invierno, desprendiéndose luego el resto de la hoja.

FLORES: azul-violáceas, hermafroditas, tubulosas, ligeramente curvas, dispuestas en racimos de cimas dicotómicas de unos 30 cm de longitud, erguidas, multifloras; aquellas, de 4 a 5 cm de largo, con cinco lóbulos algo ondulados. Cáliz acampanado, pubescente, de 2,5 mm de largo con cinco dientes cortos. Corola gamopétala, infundibuliforme. Estambres fértiles cuatro, didínamos, con filamentos curvos de 8 a 12 mm de largo. El quinto estambre está convertido en un largo estaminodio barbado, de mayor longitud que los fértiles. Ovario súpero suborbicular de 2 mm de alto, bilocular, pluriovulado, pubescente.

FRUTOS: cápsula chata, suborbicular, de hasta 6 cm de largo y algo menos de ancho, de borde ondulado; leñosa a la madurez, en la que se abre por dos valvas, dejando escapar las numerosas semillas aladas, de 1 a 2 cm de diámetro, con ala membranácea transparente. Los frutos permanecen en la planta durante todo el año, observándose al mismo tiempo cápsulas verdes del año, y castañas de la temporada anterior. Excepcionalmente se observan frutos trivalvares.

CORTEZA: rugosa, dividida en pequeñas placas irregulares y de color pardo oscuro.

Las bellas flores del jacarandá lo han convertido en un importante árbol ornamental.

Los frutos son cápsulas leñosas y chatas.

LAPACHO ROSADO
(Tabebuia avellanedae)

Tabebuia avellanedae (Lorentz) Griseb. Angiosperma dicotiledónea de la familia Bignoniáceas.
Otros nombres comunes: lapacho del Noroeste, lapacho tucumano.

Apenas iniciada la primavera biológica —a fines de julio en el Noroeste argentino—, el lapacho rosado, desprovisto aún de follaje, despliega sus millares de rosadas flores y convierte la amplia copa en un inmenso ramo que deslumbra por su extraordinaria belleza a cualquier persona que transite por la región montañosa y húmeda de las yungas.

Este lapacho mide de 20 a 30 m de altura y alcanza los 80 cm de diámetro; posee un fuste, por lo general recto, de aproximadamente 10 m de largo. La copa es de forma variable, por lo general semejante a un embudo y más reducida en los ambientes forestales que en los ejemplares cultivados en parques. El follaje, formado por hojas digitadas, es caedizo, apareciendo las nuevas hojas, al menos en Tucumán, hacia mediados de septiembre.

Es propio de Bolivia y el Noroeste de la Argentina, donde se encuentra a este árbol en los sectores más bajos de la selva tucumano-boliviana o yungas (450-900 m s.n.m.) y su transición con el bosque chaqueño, en las provincias de Salta, Jujuy, Tucumán y el norte de Catamarca.

Esta especie fue dedicada por el botánico Pablo Lorentz al Dr. Nicolás Avellaneda, insigne estadista y propulsor de las ciencias en la Argentina.

Produce madera verdoso-amarillenta, muy dura y pesada (peso específico: 0,935 kg/dm³), muy resistente a la intemperie, contiene tanino y sustancias colorantes.

Es uno de nuestros árboles ornamentales más bellos. Es cultivado en gran parte de la Argentina templado-cálida. La corteza y el leño, trozados, se utilizan en medicina popular, en decocción, para curar enfermedades del riñón y la vejiga.

HOJAS: se presentan opuestas, pecioladas, digitadas y por lo general con cinco folíolos —rara vez tres o siete— elípticos, aovado-oblongos a aovado-lanceolados, de 5 a 16 cm de largo por 4 a 9 cm de ancho con el margen entero en la mitad inferior y levemente dentado en la superior. Los folíolos basales son más pequeños que los otros. Todos están sostenidos por sus correspondientes peciólulos, de distinto tamaño en la misma hoja, siendo más breves los basales. El pecíolo general mide de 5 a 11 cm de largo, está levemente surcado por arriba y es casi lampiño. Los ejemplares jóvenes suelen tener hojas mayores.

FLORES: tienen corola gamopétala rosada, rosado-morada y aun blanca, reunidas en panículas terminales. El cáliz es campanulado y pubescente con cinco dientes pequeños y desiguales, de 1 a 2 mm de largo. La corola, que supera los 40 mm de largo, posee tubo acampanado con el limbo dividido en cinco lóbulos iguales y rizados. La garganta está estriada de tonos más oscuros y de matices amarillentos. Posee cuatro estambres didínamos —o sea en dos pares— y un quinto estambre abortado (estaminodio).

El lapacho rosado tiene una profusa floración en primavera.

Ovario súpero y bilocular, aloja numerosos óvulos y termina en un estilo simple.

FRUTOS: cápsulas péndulas, subcilíndricas, arrosariadas, de 20 a 40 cm de largo por 2 a 2,5 cm de ancho, parduscas, de dehiscencia loculicida, a lo largo del nervio medio carpelar. Alojan numerosas semillas achatadas, aladas, de color castaño, subelípticas y de 4 a 5 cm de largo por 1 a 1,5 cm de ancho. En Tucumán los frutos aparecen hacia mediados de septiembre y se mantienen en el árbol hasta enero.

CORTEZA: castaño oscura o algo rojiza, agrietada en los ejemplares viejos, bastante dura y difícil de desprender.

Las hojas tienen cinco folíolos dispuestos como los dedos de una mano.

LAUREL DE LA FALDA
(Phoebe porphyria)

Phoebe porphyria (Griseb.) Nees (= *Nectandra porphyria* Griseb.).
Angiosperma dicotiledónea de la familia Lauráceas.
Otros nombres comunes: laurel, laurel negro, laurel montano, laurel del cerro, laurel tucumano, cascarillo.

Arbol de unos 25 m de altura y tronco de 60 cm de diámetro. Presenta una amplia copa de follaje persistente verde intenso. El laurel de la falda es un árbol majestuoso por su gran porte —junto al horco-molle son las dos especies de mayor altura en la selva tucumana—, y por la profusión de plantas epífitas que suelen instalarse sobre sus grandes ramas. Se han encontrado ejemplares con 14 especies diferentes de epífitas y en otro caso un individuo que por sí solo poseía 1.125 de estas plantas. Su bella figura adornada por multitudes de plantas colgantes le ha valido al laurel de la falda la admiración de botánicos como Lucien Hauman, que lo calificó de árbol soberbio, y de grandes naturalistas como Germán Burmeister, que expresó al respecto: "Constituye la planta más preciosa de la República Argentina y el más espléndido adorno que ha producido su suelo".

Propio de las selvas tucumano-bolivianas o yungas, en la zona conocida como del laurel y de la tipa, en las laderas más húmedas hasta los 1.500 m de altura, en una selva densa y lujuriante con árboles de gran porte como el cedro, el lapacho, el cebil colorado y la tipa blanca, especialmente dentro del distrito tucumanense.

Florece de octubre a junio, fructificando en enero.

La madera es pardo-amarillenta en su duramen, con cierto parecido al peteribí (*Cordia trichotoma*), con brillo y veteado suaves. Su textura es mediana y heterogénea; su peso específico es 0,600 kg/dm³. Es blanda, fácil de trabajar y aserrar, con buen

Detalle de rama con hojas e inflorescencias.

lustre o barnizado. Se utiliza en mueblería, construcción de embarcaciones pequeñas, siendo apta para desbobinar. Es sensible a los cambios de humedad, siendo necesario un secado cuidadoso para evitar deformaciones, y no es apta para el contacto directo con la tierra.

HOJAS: simples, alternas, coriáceas, lanceoladas, con ápice acuminado, de hasta 17 cm de largo y 3 a 6 cm de ancho.

FLORES: pequeñas, hermafroditas, agrupadas en panículas axilares, de hasta 15 cm de largo. De tonalidad amarillentas, las flores tienen unos 4 mm de diámetro, con nueve estambres fértiles, tres estaminodios, de ovario súpero, unilocular y uniovulado.

FRUTOS: baya pequeña, ovoide, de 15 mm de largo por 8 a 10 mm de ancho, con semillas lustrosas, pardo-oscuras, de hasta 13 mm de largo por 8 de ancho.

CORTEZA: grisácea y agrietada; contiene un alcaloide (ocoteína).

Las ramas del laurel de la falda suelen estar cubiertas de epífitas.

LENGA
(Nothofagus pumilio)

Nothofagus pumilio (Poepp. *et* Endl.) Krasser (= *Fagus pumilio* Poepp. *et* Endl., *Calusparassus pumilio* Hombr. *et* Jacq., *Fagus antarctica* var. *bicrenata* DC). Angiosperma dicotiledónea de la familia Fagáceas.

Otros nombres comunes: roble, roble blanco, roble lenga, roble de Tierra del Fuego, leñar.

Arbol de gran porte, alcanza más de 30 m de altura; su tronco, cilíndrico-cónico, llega a diámetros de hasta 1,5 m en condiciones ambientales favorables, como en Tierra del Fuego. En lo alto de la montaña a latitudes menores, como en Neuquén o Chubut, la lenga se desarrolla como arbustos achaparrados y rastreros, de un metro de altura, muy tupidos e impenetrables.

Especie nativa de los bosques subantárticos típicos de la Argentina y Chile, se extiende por el primero de los países mencionados por una delgada faja de no más de 50 km de ancho desde el norte de Neuquén hasta el canal Beagle y la isla de los Estados. Ocupa los niveles más altos de la vegetación del macizo andino, constituyendo asociaciones casi puras hasta los 1.800 m s.n.m. en Neuquén, mientras que· en el sector magallánico difícilmente supera los 500 metros de altura. Dentro del bosque presenta una copa rala. El lengal puro tiene un sotobosque limpio, fácil de transitar y de realizar su explotación. En cambio cuando la lenga se encuentra asociada a otra especie, como el coihue en Chubut, o el pehuén en Neuquén, el sotobosque es un cañaveral impenetrable de coligüe.

Su madera, de albura blanco-rosada y duramen amarillo-rosado, presenta un brillo suave en los cortes longitudinales, con ligero veteado, grano derecho, de textura fina y homogénea. Estas cualidades contribuyen a calificarla una madera fácilmente trabajable, de buena calidad, compacta y elástica. Requiere un secado lento y es conveniente la aplicación de tratamientos de reacondicionado.

Es una madera moderadamente pesada (peso específico: 0,570 kg/dm^3), fuerte, blanda a semidura, apta para procesos de desbobinados y curvado al vapor, utilizándose en la construcción de estructuras, en tonelería, en la industria naval, carpintería general, parquets, mueblería, piezas talladas y tornería. Presenta durabilidad expuesta a la humedad, empleándosela por tal razón para la confección de postes y varillas de alambrado, pisos, etc.

Es una de las especies forestales argentinas que ofrece mayores volúmenes de existencias aprovechables dentro de los bosques naturales, sin ordenamiento y con deficiente estado sanitario, pero con posibilidades de realizar una extracción racional, utilizando su madera en forma integral para aserrar, fabricar aglomerados y pastas celulósicas. Dada su importancia dentro de los ecosistemas nativos, cualquier emprendimiento para la explotación de esta especie debe ser cuidadosamente analizado.

A su vez la lenga adquiere una particular trascendencia dentro de los paisajes más típicos de los bosques andino-patagónicos, los cuales han alcanzado fama mundial gracias al desarrollo turístico dentro de los parques nacionales de la zona. Su presencia se torna notable cuando llega el otoño y el follaje de la lenga pasa de un color verde oscuro a sucesivas tonalidades que van del rojo al anaranjado y luego al amarillo.

HOJAS: caducas, simples, alternas, de forma elíptica, con base obtusa y borde crenado, de unos 4 cm de largo por 2 de ancho; con nervadura central

Las hojas son anchas y con borde crenado.

prominente en el envés, que continúa en un corto pecíolo; nervaduras secundarias paralelas o subparalelas, entre las cuales se hallan dos lóbulos, rasgo característico de las hojas de lenga.

FLORES: pequeñas, de sexos separados en el mismo árbol, solitarias, en las axilas de las hojas; la flor femenina tiene ovario ínfero trilocular, con dos óvulos por locus; la masculina, de color ocre, tiene 15 a 20 estambres con largos y delgados filamentos que facilitan la polinización anemófila.

FRUTOS: aquenios trialados de unos 8 mm de largo, recubiertos por una cúpula coriácea.

CORTEZA: grisácea de 1 cm de espesor, agrietada longitudinalmente luego de pasar su estado juvenil.

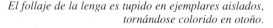

El follaje de la lenga es tupido en ejemplares aislados, tornándose colorido en otoño.

MAITÉN
(Maytenus boaria)

Maytenus boaria Molina (= *Maytenus chilensis* D.C.). Angiosperma dicotiledónea de la familia Celastráceas.
Otros nombres comunes: maitén grande, horco-molle (en las sierras de Córdoba), sauce patagónico, naranjita.

Arbol de bella figura que alcanza hasta 20 m de altura, con copa semiesférica, ramas largas, delgadas, colgantes y numerosas, cubiertas todo el año por un denso follaje de color verde amarillento.

Su distribución abarca principalmente la región cordillerana patagónica tanto argentina como chilena, ocupando la zona ecotonal entre la estepa patagónica y el bosque subantártico. En la Argentina se lo encuentra en el suroeste de las provincias de Neuquén y Río Negro, noroeste de Chubut y la zona centro-oeste de la provincia de Santa Cruz y Tierra del Fuego. Además está presente en Mendoza, San Luis y Córdoba, en estas dos últimas se lo denomina horco-molle o molle serrano. También es propio del Río Grande Do Sul (Brasil) y Perú, en áreas bien distantes de las que ocupan las poblaciones silvestres de la Argentina.

Según algunos botánicos, por esta distribución algo inconexa deba considerársela como relictual en algunas zonas donde aparece aislada. El maitén no forma bosques monoespecíficos, sino que se halla diseminado tanto entre las especies del matorral como en los bordes de los cursos de agua. Crece en muy variadas condiciones.

Florece en agosto y septiembre. El nombre genérico *Maytenus* deriva de una denominación mapuche.

La madera es de color ligeramente amarillo-rosado, con textura fina muy homogénea, grano derecho y veteado interesante, suavemente demarcado. Es semipesada (peso específico: 0,560 kg/dm³), semidura, resistente y flexible, siendo apta para la fabricación de madera terciada y para mueblería. Posee fácil trabajabilidad y puede emplearse en tornería, con grandes resultados en artículos de precisión, cabos, mangos y herramientas, etc.

Esta especie ha sido explotada como forraje complementario en invierno, momento en que la zona de distribución cordillerana se encuentra cubierta de nieve. Sus hojas tienen un importante valor nutritivo, siendo apetecidas, por la hacienda vacuna, de allí su nombre específico, que deriva de *bos*, vaca o buey en latín.

Tanto la corteza como el epicarpio del fruto se utilizan regionalmente para teñir de color vicuña (*Vicugna vicugna*), la tonalidad característica del pelaje de este camélido silvestre de la Puna. En la corteza se ha detectado un alcaloide no identificado.

HOJAS: simples, alternas, ovallanceoladas, con borde aserrado, agudas en ambos extremos, cortamente pecioladas. En general de 3 a 9 cm de largo por 0,5 a 3 de ancho, presentan forma y tamaño bastante variables, de forma lanceolada y agudas en ambos extremos, con nervadura central muy demarcada y borde aserrado. Son de consistencia algo coriácea y tienen color verde claro amarillento, más oscuras en el haz que en el envés.

FLORES: hermafroditas y monosexuales con tendencia a esta última característica; las masculinas, amarillentas y las femeninas, verdosas con líneas purpúreas, agrupadas en racimillos axilares, son pentámeras y de unos 5 mm de diámetro. Los sépalos son cinco y muy pequeños, los pétalos son cinco y de forma elíptica u obovados, de 2,5 a 3 mm de largo por 1,2 a 2 mm de ancho, de color verdoso. Poseen cinco estambres, que alternan con los pétalos y están insertos en un disco grueso. La flor femenina es más pequeña que la masculina y presenta un ovario súpero, sin estilo, ovoideo, soldado al disco en su base, es bilocular, biovulado y posee dos estigmas aplanados, irregularmente lobulados.

FRUTOS: cápsulas coriáceas, dehiscentes, del tamaño de una arveja, de 3 a 6 mm de largo, color pardo, que al abrirse muestran dos semillas elipsoideas, de unos 5 mm de largo, rodeadas de una envoltura protectora carnosa llamada "arilo", cuya tonalidad en el caso del maitén es roja intensa. Las semillas son muy ricas en aceite (hasta el 40% de su peso), de color amarillo, más espeso que el de oliva, y de propiedades secantes que le permitirían reemplazar al de linaza en la industria de la pintura y otros afines.

CORTEZA: gris ceniciento, con resquebrajaduras poco demarcadas.

Detalle del follaje.

El maitén es un árbol nativo de gran potencial ornamental por su bello porte.

Maniú hembra
(Saxegothaea conspicua)

Saxegothaea conspicua Lindl. Gimnosperma de la familia Podocarpáceas.
Otros nombres comunes: maniú, mañiú, mañío hembra.

Arbol que alcanza generalmente entre 10 y 15 m de altura, pero se citan ejemplares de hasta 30 con un tronco de 1 m de diámetro. Las ramas son verticiladas y se disponen en forma irregular y ascendente.

Es la única especie de este género en la Argentina, con un área de distribución muy limitada. Se encuentra en la zona más húmeda de los bosques andino-patagónicos, en Neuquén y Río Negro, encontrándose los mejores ejemplares en las cercanías de Puerto Blest y laguna Frías, en el Parque Nacional Nahuel Huapi. También fue citado para la provincia de Chubut.

No forma masas boscosas, sino que se encuentran ejemplares aislados, junto con el coihue, el ten y el alerce. Crece en suelo muy húmedo e incluso fangoso.

La madera es de coloración uniforme amarillo-rosada, tanto en albura como en duramen. Existen ejemplares con una coloración irregular central, un falso duramen castaño-ocráceo. Tiene elementos constitutivos de la madera pequeños y homogéneos, con grano derecho, presentando en el corte longitudinal un veteado suave poco demarcado. Sus anillos de crecimiento son anuales, uniformes y poco demarcados, difícilmente de más de 2 mm de espesor.

Presenta madera liviana a semipesada (peso específico: 0,560 kg/dm³), blanda, de fácil trabajabilidad. Las características físico-mecánicas del leño del maniú hembra son excelentes, siendo factible su utilización en múltiples usos.

En la Argentina no tiene valor económico, encontrando solamente aplicación local y limitada debido a su escasa abundancia y difíciles condiciones de explotación en su área de distribución. Sin embargo, debe tenerse en cuenta como una interesante especie ornamental nativa.

HOJAS: perennes, simples, dispuestas en dos planos divergentes, de 15 a 25 mm de largo, lineales de 2 a 3 mm de ancho, rectas o ligeramente curvadas con forma de hoz, con ápice mucronado, cortamente pecioladas, de color verde oscuro en la cara superior, distinguiéndose en su cara inferior dos bandas estomáticas.

FLORES: conos unisexuales, los femeninos insertos sobre un pedúncu-lo de unos 10 mm de largo, con brácteas escamiformes; los masculinos son pequeños y numerosos dispuestos sobre un eje alargado.

SEUDOFRUTOS: conos subglobosos, de unos 10 a 15 mm de diámetro, carnosos, indehiscentes; contienen de una a cuatro semillas lenticulares de color pardo, de 3 a 4 mm de diámetro.

CORTEZA: delgada y caediza en placas de bordes redondeados que dejan a la vista un mosaico de secciones castaño-rojizas, de aspecto muy característico.

Las hojas tienen hasta 2,5 cm de largo.

La corteza descascarada y colorida del maniú hembra es típica.

MANIÚ MACHO
(Podocarpus nubigena)

Podocarpus nubigena Lindl. (= *Podocarpus nubigenus* Lindl.).
Gimnosperma de la familia Podocarpáceas.
Otros nombres comunes: maniú, manió, pino, pino amarillo.

Arbol de altura media, de unos 15 metros, aunque puede alcanzar los 25 m y tener troncos de 90 cm de diámetro.

El género al cual pertenece esta especie, tiene tres representantes curiosamente distribuidos en la Argentina: el pino del cerro en las selvas del Noroeste de la Argentina, el piñeiriño (*Podocarpus lambertii*) en Misiones, y el maniú macho, con una limitada distribución en los bosques andino-patagónicos de la provincia de Neuquén. Esta escasa dispersión hace que sea una especie forestal de valor florístico y sin valor comercial. En Chile es más abundante.

Crece en forma esporádica, solitario o en pequeños grupos, en terrenos muy húmedos.

La madera presenta poca diferenciación en el color de la albura y el duramen, siendo amarillo-ocrácea, llamativa, semibrillosa. Su textura es fina, homogénea, de grano rectilíneo, con un veteado apenas notorio. Se comporta bien al secado natural, con una contracción volumétrica de 10,5%, siendo 4,5% su contracción radial y 7,5% su contracción tangencial, sin presentar problemas de agrietado o deformaciones ni aparición de manchas.

Es madera blanda a semidura (peso específico: 0,500 kg/dm^3), resistente y fuerte, apta para múltiples usos en mueblería, artículos para deportes, carpintería general, etc., lográndose una buena terminación, por ser fácil de trabajar; acepta bien clavos, tornillos, lustres, barnices y colas.

Tiene poca resistencia en aplicaciones a la intemperie, o en contacto con la humedad en tierra.

El maniú macho es una nativa de importancia ornamental.

Las hojas del maniú macho son más largas que las del maniú hembra, detalle que ayuda a distinguirlos en los bosques donde ambas especies conviven.

HOJAS: perennes, lineales, de 3 a 4 cm de largo (lo cual las diferencia de las del maniú hembra, que llegan hasta 2,5 cm) y 4 mm de ancho, coriáceas, con su extremo agudo y mucronado; la cara superior es verde oscura y posee dos bandas estomáticas pruinadas en su cara inferior, separadas por la nervadura central.

FLORES: es una especie dioica (flores de un solo sexo en cada ejemplar); las femeninas insertas en las axilas y las masculinas en forma de amentos sésiles y numerosas.

SEUDOFRUTOS: conos con semillas carnosas, ligeramente globosas, de 10 mm de diámetro.

CORTEZA: lisa, caediza en placas rectangulares de bordes rectos.

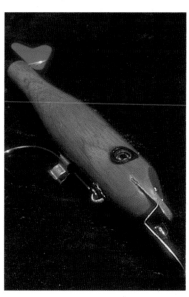

De fácil trabajabilidad, permite su uso en aplicaciones deportivas.

MISTOL
(Ziziphus mistol)

Ziziphus mistol Griseb. Angiosperma dicotiledónea de la familia Ramnáceas.
Otros nombres comunes: sacha mistol, mistol cuaresmillo.

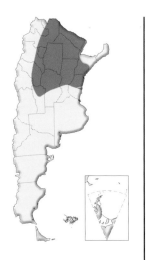

Arbol espinoso, de 4 a 10 m de altura (difícilmente supera los 15 m), con el tronco de 20 a 50 cm de diámetro, ramas jóvenes y ramitas pubescentes, zigzagueantes. Posee un fuste tortuoso y corto.

Su distribución abarca la mayor parte del Norte argentino: Jujuy, Salta, Tucumán, Catamarca, La Rioja, San Juan, Chaco, Formosa, Santiago del Estero, Córdoba, norte de Santa Fe, centro-sur de Corrientes y norte de Entre Ríos. Puede considerarse al mistol un componente arbóreo secundario del chaco occidental, donde dominan el quebracho colorado santiagueño y el quebracho blanco, encontrándose asimismo esporádicamente en la zona oriental húmeda de dicha unidad natural e incluso en la Mesopotamia argentina. También se halla en las zonas ecotonales del chaco árido con la provincia biogeográfica del monte. Florece de octubre a diciembre y fructifica de noviembre a marzo.

La madera presenta neta diferenciación en el color del duramen castaño rojizo y la albura amarillenta; tiene textura fina y homogénea, grano oblicuo, con un veteado poco notable, igual que los anillos de crecimiento anual.

Su madera es pesada (peso específico: 0,900 kg/dm³), elástica y dura, apta para fabricar mangos y cabos de herramientas, rayos de rueda, y para trabajos de tornería, etc.

En el mercado maderero argentino no tiene valor comercial para utilización en carpintería en general. Pero es muy utilizado en la elaboración de carbón vegetal, junto al quebracho blanco y otras especies, que dan buen combustible.

Está muy difundido el uso local de sus frutos, que son consumidos

Los frutos toman una coloración pardo rojiza al madurar.

frescos, secos al sol o hervidos. Son utilizados también para la elaboración de arrope, aloja (bebida típica del Norte argentino) y mezclados con la harina de los frutos del algarrobo blanco, se elabora el "Patay", torta dulce comestible de la región. Con sus frutos molidos en mortero, se prepara el "Bolanchau", golosina muy apreciada en Santiago del Estero, que consiste en una pasta de forma redonda (bola) revuelta en harina de maíz tostado.

De las raíces y la corteza se extrae un tinte de característico color castaño oscuro, de amplio uso en toda la región. Los frutos son utilizados en medicina popular (hepáticos, pectorales). El follaje y la corteza contienen saponinas, usándose a esta última para lavar la ropa.

HOJAS: pequeñas, de 3 por 1,5 cm, subcoriáceas, de forma oval-redondeada, trinervadas, con los bordes levemente aserrados.

FLORES: dispuestas en inflorescencias, en cimas contraídas, de hasta 15 mm de largo, de pedúnculo y pedicelos breves, pubescentes. Las flores son pequeñas, hermafroditas, de color verde amarillentas, pentámeras, de aproximadamente unos 5 mm de diámetro y 2 mm de alto. El cáliz es un tubo con cinco lóbulos triangulares, de 2 mm de largo por otro tanto de ancho. Los pétalos alternan con los sépalos, más pequeños que éstos, cóncavos y unguiculados. Posee cinco estambres insertos entre los pétalos y el disco, erectos, de filamento glabro, algo subulado, de 1 mm de largo; las anteras son pequeñas, bitecas, de dehiscencia longitudinal. Disco carnoso, de color amarillento, adherido al tubo calicino, apenas lobulado. Ovario ovoideo, hundido en el disco, de apenas 1 mm de alto, bilocular, con los lóculos uniovulados; estilos dos, breves y divergentes, estigmas inconspicuos y papilosos.

FRUTOS: es una drupa, más o menos esférica, de alrededor de 15 mm de diámetro, color pardo-rojizo en la madurez, con restos del cáliz en la base. Carozo elipsoide de más o menos 1 cm de largo por 6 mm de ancho, duro, bilocular; cada lóculo encierra una semilla chata, ovoide, castaña, de 6 mm de largo por unos 4 mm de ancho.

Los frutos del mistol son esféricos y muy dulces, de aplicación tanto medicinal como alimenticia.

NOGAL CRIOLLO
(Juglans australis)

Juglans australis Griseb. Angiosperma dicotiledónea de
la familia Juglandáceas.
Otros nombres comunes: nogal, nogal cimarrón, nogal del país,
nogal salteño, nogal silvestre, nogal tucumano.

Arbol de 15 a 25 m de altura (se mencionan ejemplares de 30 m) y tronco de hasta 1 m de diámetro.

Constituye la especie más austral del género *Juglans* y la única que crece en las montañas del Noroeste argentino, hasta las sierras catamarqueñas lindantes con Tucumán.

En la Argentina está presente en la selva tucumano-boliviana o yungas, entre los 500 y 1.500 m s.n.m., alcanzando los 1.780 m en el norte de Salta. Es relativamente abundante en las selvas de mirtáceas, donde convive, entre otros, con el laurel de la falda, el horco molle, el cedro tucumano (*Cedrela lilloi*) y el saúco (*Sambucus peruviana*).

Ramas del nogal criollo con inflorescencias masculinas péndulas.

ra, muy apreciada para mueblería fina, maderas compensadas, enchapados, etc.

HOJAS: caedizas, compuestas, generalmente imparipinnadas, de 30 a 50 cm de largo, con siete a 15 pares de folíolos, aovado-oblongos, de 3 a 15 cm de longitud por 1,5 a 4,5 cm de ancho, sésiles, exceptuando el terminal, que es peciolado, falcados, aserrados, de base redondeada y ápice acuminado, cara superior glabra y la inferior con pubescencia simple o estrellada y mechones de pelos en las axilas de las nervaduras.

FLORES: unisexuales, dispuestas en inflorescencias separadas; las masculinas apétalas, en largos amentos solitarios, péndulos, que aparecen en el ápice de las ramillas del año anterior, presentan estambres numerosos, protegidos por un perianto irregularmente 5 a 6 lobu-

lado. Las femeninas reunidas en espigas de pocas flores, sobre ramillas del año, rodeada cada una por un involucro doble, el externo 3-pluridentado, el interno 4-lobulado, adosado al ovario; éste unilocular y uniovulado, con estilo bífido y plumoso.

FRUTOS: drupa subglobosa, de 3 a 4 cm de diámetro, verde, pubescente, con mesocarpo carnoso de sabor amargo astringente y nuez leñosa dura.

CORTEZA: pardo-grisácea oscura, de mediano espesor, surcada longitudinalmente en los ejemplares adultos; en los jóvenes prácticamente lisa.

Detalle de la hoja compuesta.

Florece de agosto a setiembre, madurando los frutos en febrero. Produce madera de buena calidad, de albura blanco-grisácea a pardo-grisácea y duramen castaño violáceo, algo ceniciento. Es moderadamente pesada (peso específico: 0,640 kg/dm³) y du-

La corteza tiene notables surcos longitudinales.

NOTRO
(Embothrium coccineum)

Embothrium coccineum J. R. *et* G. Forst. (= *Embothrium lanceolatum* R. *et* Pav.). Angiosperma dicotiledónea de la familia Proteáceas.
Otros nombres comunes: notru, ciruelillo, fuinque.

Arbol de pequeño porte, de hasta 8 m de alto y tronco de 20 cm de diámetro. Es frecuente hallarlo en forma de arbusto, muy ramificado, de 3 a 5 m de altura. En los bosques andino-patagónicos, donde se lo encuentra silvestre, se destaca por sus brillantes y hermosas flores rojo-purpúreas que durante la primavera y el verano embellecen y alegran el paisaje sureño. La copa es irregular y el fuste corto.

Se trata de una especie típica de los bosques de la cordillera patagónica de Chile y la Argentina; en este último país se encuentra desde Neuquén a Tierra del Fuego.

Su madera tiene excelentes características, destacándose su color amarillento con brillo plateado en su albura y castaño-rojizo con brillo dorado en su duramen. Presenta en el corte longitudinal un hermoso veteado jaspeado, muy pronunciado, siendo su textura gruesa y heterogénea, con grano derecho. Presenta una madera semipesada (peso específico: 0,570 kg/dm^3), blanda, de fácil trabajabilidad, muy apta para tareas de tornería y objetos tallados, especialmente artículos de adorno, por su virtuosidad, como alhajeros, servilleteros, lapiceras, mangos de cuchillos, artículos de escritorio, etc.

Su utilización está reducida a la elaboración de objetos de poco tamaño, debido a la carencia de troncos de diámetros y largos que permitan laminar o utilizar en mueblería.

Por la hermosa coloración de sus flores y la profusión con que florece es una especie nativa muy recomendable como ornamental. En San Carlos de Bariloche (Río Negro) se cultiva desde hace varias décadas con muy buenos resultados en jardines y arbolado público.

Las hojas y la corteza son utilizadas en medicina popular como vulnerario, antineurálgico dental, etc.

HOJAS: persistentes, simples, glabras, oblongo-lanceoladas con borde entero de 4 a 10 cm de largo, cortamente pecioladas. Son de co-

Las flores son de un vistoso color rojizo, lo que le ha dado al notro gran valor como especie ornamental.

lor verde oscuro brillante en su cara superior y claro en la inferior.

FLORES: hermafroditas, asimétricas, agrupadas en corimbos compactos sobre pedúnculos delgados, largos y también rojizos, que realzan la belleza de la flor de color rojo intenso. Presenta cuatro estambres sésiles, ovario súpero, unilocular y pluriovulado.

FRUTOS: folículos dehiscentes, leñosos, rectos, colgantes, de 4 cm de largo que contienen numerosas semillas aladas oscuras de 3 mm de largo.

CORTEZA: es lisa, de color gris ceniciento.

Detalle de la copa florecida.

ÑIRE
(Nothofagus antarctica)

Nothofagus antarctica (Forst. fil.) Oerst. (= *Nothofagus montanei*
Hombr. *et* Jacq., *Calucecechinus antarctica* Hombr. *et* Jacq.).
Angiosperma dicotiledónea de la familia Fagáceas.
Otros nombres comunes: ñirre, anís, roble.

Arbol de la cordillera austral de América, que alcanza los 15 m de altura y troncos de 40 cm de diámetro en la Isla Grande de Tierra del Fuego, mientras que en la parte norte de los bosques andino-patagónicos son en general árboles pequeños, que semejan arbustos.

Tiene una amplia área de distribución, preferentemente en los lugares húmedos y partes bajas de los faldeos, donde forma densos bosques casi puros, conocidos como ñirantales o ñirales.

La madera es moderadamente pesada (peso específico: 0,600 kg/dm³), con albura de color amarillo-rosado y duramen más oscuro, brillo suave y vetas poco visibles. Su textura es fina y homogénea.

Es una madera blanda y de fácil trabajabilidad, como sucede con todos los *Nothofagus*, de buena elasticidad, pero su utilización es muy localizada por los problemas que se encuentran en el porte y en el estado sanitario, generalmente deficiente. Cercos, postes para alambrados, construcciones generales, leña y carbón, son los usos más comunes. Es cultivado en algunos países de Europa y en Estados Unidos como ornamental.

HOJAS: caducas, simples, alternas, de unos 3 cm de largo y 1 a 1,5 de ancho, se insertan por medio de un pecíolo mediano; tienen forma generalmente aovada, base acorazo-

Las hojas del ñire son simples y de borde dentado.

nada, a menudo oblicua, borde finamente dentado lobado y ondulado, con ápice obtuso. Adquieren poco

antes de caer, en los meses de otoño, un color rojo-purpúreo muy llamativo.

FLORES: unisexuales en una misma planta (monoicas). Las masculinas solitarias, sostenidas por un corto pedúnculo inserto en las axilas, con 10 estambres de anteras glabras. Las inflorescencias femeninas reúnen tres flores, también axilares.

FRUTOS: triaquenio, el central bialado y los dos laterales trialados, de color verde amarillento.

CORTEZA: pardo-oscura, agrietada.

El ñire forma rodales casi puros en los bosques andino-patagónicos.

Pacará
(Enterolobium cortotisiliquum)

Enterolobium cortotisiliquum (Vell.) Morong [= *Enterolobium timbouva* (Mart.)]. Angiosperma dicotiledónea de la familia Leguminosas (o Fabáceas), subfamilia Mimosoideas.
Otros nombres comunes: oreja de negro, timbó, timbó colorado, timbó cedro, timbó puitá, cambá-nambí.

Arbol inerme de gran porte que en los ambientes selváticos le permite elevar su copa hemisférica a unos 30 m, sostenida por un tronco recto de largo fuste, y diámetro de hasta 1,6 m. Cuando crece fuera de la selva o en regiones próximas a su límite austral de dispersión (Delta del Paraná, isla Martín García) disminuye su estatura y especialmente la longitud del fuste. El follaje, aunque caedizo, se mantiene por largo tiempo sobre la planta.

Es originario de Brasil meridional, Bolivia, Paraguay, norte de la Argentina y noroeste de Uruguay. El nombre común oreja de negro (cambá-nambí en guaraní) alude a la particular forma y coloración de los frutos maduros del pacará.

Proporciona madera blanda, liviana y flexible (peso específico: 0,336 kg/dm³), con la albura blanco amarillenta y el duramen castaño-rojizo. Se la utiliza para cajones de fruta, embalajes, ventanas, puertas y marcos, sillas, colmenas, mesas, tabiques, cielos rasos, cubiertas de embarcaciones, estanterías, madera terciada, muebles, ataúdes ordinarios, pasta para papel, parquets, machimbrados, piraguas, etc. La corteza contiene de 13 a 22% de tanino.

Es una especie bastante cultivada como ornamental en parques y avenidas de la Argentina, don-

El pacará es un árbol nativo de grandes dimensiones y espléndida copa.

de puede tener una robusta copa y alcanzar un magnífico desarrollo, como por ejemplo el individuo que crece junto a la intendencia del Parque Nacional El Palmar. Algunos pacaraes se han incorporado al acervo histórico nacional, entre ellos el famoso pacará de Segurola, aún existente en la intersección de las calles Puán y Monte de la ciudad de Buenos Aires a cuya sombra el deán Segurola vacunó a los niños de la gran aldea entre los años 1809 y 1830.

La corteza y los frutos son utilizados en medicina popular. Las hojas tienen propiedades astringentes y éstas con la corteza son utilizadas como ictiotóxicos. Los frutos tienen saponinas y han sido documentados en Brasil como tóxicos para el ganado vacuno.

HOJAS: alternas, caedizas y bipinnadas, con dos a siete pares de pinas opuestas, éstas de 4 a 10 cm de largo, conteniendo ocho a 23 pares de folíolos, también opuestos y asimétricamente lanceolados, de 1 a 2,5 cm de largo por 0,5 cm de ancho, discolores terminados en un mucrón con un nervio medio muy próximo al margen y los secundarios pinnados. Los pares de folíolos opuestos recuerdan ciertos dibujos alados, simbólicos, de los antiguos egipcios o ciertos distintivos de aviación.

FLORES: hermafroditas, blanco-verdosas reunidas en inflorescen-

cias globosas que aparecen de octubre a diciembre.

FRUTOS: vainas chatas, indehiscentes, de forma arriñonada y de color negro a la madurez midiendo entre 5 a 9 cm de longitud por 5 a 7 cm de ancho y 1 a 1,5 cm de grosor, algo carnosas. Alojan en su interior numerosas semillas ovaladas de alrededor de 1 cm de largo, de tegumento liso, muy duro, castañas a castaño-oscuras, ricas en saponinas. Estos frutos son muy livianos y flotan muy bien, lo que ha facilitado la diseminación de la especie a lo largo de los grandes ríos de su área de distribución.

CORTEZA: es de color gris ceniciento, bastante lisa en los ejemplares jóvenes, con numerosas y grandes lenticelas extendidas transversalmente; gruesa y algo agrietada en los árboles adultos, muestra clorofila debajo del súber.

El fruto tiene una típica forma de oreja.

Las hojas compuestas tienen pequeños y numerosos folíolos.

PALO AMARILLO
(Phyllostylon rhamnoides)

Phyllostylon rhamnoides (Poiss.) Taub. Angiosperma dicotiledónea de la familia Ulmáceas.

Otros nombres comunes: ibirá-catú, palo lanza, palo lanza negro, palo blanco, tala grande, palo de panza.

Arbol de 15 a 20 m de altura y tronco de 50 a 60 cm de diámetro que tiene en la base unas importantes y distintivas costillas o repliegues. Su copa es semifastigiada, estrecha, con ramas ascendentes.

Es una especie típica de las yungas o selva tucumano-oranense, especialmente entre los 350 y 600 m s.n.m. en las formaciones boscosas de Salta, Jujuy y Tucumán, apareciendo también en mucha menor cantidad en la zona húmeda de la formación chaqueña.

Su madera no ofrece diferenciación en el color amarillento de la albura y el duramen. La textura es fina, homogénea, con grano derecho y veteado suave, con excelente brillo natural, fácil de cepillar, obteniéndose una superficie lisa apta para lustrar o barnizar con buena terminación para múltiples usos en construcciones de viviendas, marcos de puertas y ventanas, mueblería, etc. El peso específico promedio es de 0,860 kg/dm^3, que la ubica como madera semipesada, resistente, flexible, con aplicación en fabricación de carrocerías, mangos y cabos de herramientas. Es también una madera semidura a dura debiendo aserrarse y trabajarse con herramientas de acero y filos adecuados a su resistencia. Es apta para utilizar en trabajos de tornería y artículos de precisión.

El proceso de secado debe ser lento para evitar rajaduras y deformaciones, debido a que tiene un porcentaje alto de contracción volumétrica (12,6%). En su

La madera del palo amarillo tiene textura fina y homogénea.

estacionamiento tiene buena estabilidad, siendo necesarios tratamientos preventivos con fungicidas para evitar manchas. Su utilización en construcciones a la intemperie está limitada a medios secos, debido a que es afectada por la humedad.

HOJAS: caducas, se disponen alternadas, simples, con pecíolo de 3 mm, forma aovada, con ápice generalmente aserrado en su mitad distal, de 3 cm de largo por 1,5 cm de ancho y algo pubescentes en su cara inferior.

FLORES: son plantas polígamas, encontrándose fascículos que tienen en su parte inferior las flores unisexuales masculinas, siguiendo hacia arriba flores femeninas, regularmente desarrolladas y en su parte superior las flores hermafroditas, de mayor tamaño y fértiles.

FRUTOS: sámara de 2,5 cm de largo, cuya ala tiene uno de sus bordes engrosados con su semilla ovoidea, de color castaño y superficie rugosa.

CORTEZA: medianamente gruesa, de color pardo-grisácea, de unos 2 cm de espesor, ligeramente fisurada longitudinalmente y con desprendimiento del ritidoma en pequeñas tiras.

Las hojas tienen forma aovada y dientes en sus bordes.

PALO BLANCO
(Calycophyllum multiflorum)

Calycophyllum multiflorum (Griseb.). Angiosperma dicotiledónea de la familia Rubiáceas.

Otros nombres comunes: "ibirá-morotí", morotibí.

Arbol de gran porte que puede alcanzar 30 m de altura y un tronco de 60 a 70 cm de diámetro.

Es una especie típica de la parte norte de las yungas o selva tucumano-oranense, en el piso de baja montaña (350 a 800 m s.n.m., especialmente hasta los 600 m de altitud). También se encuentra al palo blanco hacia el este por el curso del río Pilcomayo y sus afluentes, alcanzando la parte centro-occidental de Formosa y noroeste del Chaco.

La madera del palo blanco es de color blanco-amarillento en su albura y ligeramente más oscura en su duramen, presentando en algunos casos una coloración oscura, excéntrica como "falso duramen", que desvaloriza el rollizo. Tiene un fuste esbelto, muy cilíndrico, ramas de mediano grosor y ascendentes que permiten obtener un rollizo recto y largo.

La textura de la madera es fina y homogénea, con grano derecho, que unido a su coloración produce una madera sin caracteres llamativos, con veteado muy tenue. Tiene anillos de crecimiento poco demarcados. Es pesada (peso específico: 0,860 kg/dm^3), y tiene buenas condiciones de secado artificial y natural, debiendo tomarse en este último caso precauciones como tratamientos de preservación con líquidos fungicidas para evitar las manchas de la madera. Tiene contracción radial de 3,7% y tangencial de 7,4%, manteniendo buena estabilidad dimensional que la hace apta para múltiples usos que exigen esa cualidad, como útiles de precisión, lanzaderas, husos, reglas, escuadras, partes de telares o máqui-

Fabricación de palos de escoba, aprovechando su alta resistencia a la flexión, y su buena trabajabilidad en el torno, que permite obtener superficies lisas.

nas. Es también una madera dura, con alto grado de resistencia a la flexión y compresión, por lo cual puede utilizarse en trabajos que necesitan curvar al vapor con muy buen resultado, como argollas, cabos de paraguas, etc. Se hacen excelentes trabajos al torno como piezas de ajedrez, tallas, botones, palos de escoba y mangos de plumeros, además de ser utilizada en construcción de carrocerías, marcos para aberturas, parquets, etc. Su trabajabilidad es buena, permitiendo un acabado perfecto en todos los usos al tomar bien los tintes y barnices y dar superficies lisas.

HOJAS: caducas, opuestas, elípticas, aovadas, borde entero, con nervadura central prominente, pubescente en su cara inferior. Miden unos 7 cm de largo por 3 cm de ancho.

FLORES: hermafroditas, están agrupadas en cimas, son de color blanco-amarillento, perfumadas.

FRUTOS: capsular y pubescente, de 8 mm de largo por 3 mm de ancho; de color marrón, posee semillas con pequeñas alas triangulares en sus extremos.

CORTEZA: de regular grosor y de un característico color blanco grisáceo. Está ligeramente agrietada longitudinalmente y es escamosa.

Las hojas del palo blanco son simples y de borde entero.

PALO SANTO
(Bulnesia sarmientoi)

Bulnesia sarmientoi Lorentz ex Griseb. Angiosperma dicotiledónea de la familia Zigofiláceas.

Arbol mediano, inerme, de 6 a 15 hasta 20 m de altura, con el tronco de 20 a 40 cm de diámetro. Fuste relativamente corto, de 3 a 4 m de largo, recto. Su copa está formada por ramas cilíndricas, derechas, pubescentes y con entrenudos cortos. Las ramas primarias son ascendentes, determinando una copa relativamente estrecha. Esta especie posee la facultad de emitir nuevos vástagos a partir de sus raíces gemíferas.

En la Argentina el palo santo se distribuye en Salta (zona oranense), centro de Formosa y noroeste de Chaco, y en Santiago del Estero, donde es relativamente raro; además está presente en el Chaco paraguayo. Crece en el bosque chaqueño occidental junto al palo cruz (*Tabebuia nodosa*), el quebrachillo blanco (*Aspidosperma triternatum*), el quebracho blanco y el quebracho colorado santiagueño.

Su nombre común posiblemente haga referencia a la duración de la llama al encenderse. No debe confundirse esta especie con el arbolito del Noroeste argentino también denominado palo santo (*Gochnatia palosanto*), una especie de la familia de las Compuestas o Asteráceas con cuya madera dura y perfumada se suplanta al verdadero palo santo aquí descrito.

El palo santo ha sido propuesto como especie amenazada dada su restringida distribución y la sobreexplotación de que es objeto tradicionalmente. En la actualidad la única unidad del sistema de parques nacionales de la Argentina que protege a esta especie es la Reserva Natural Formosa.

La madera tiene una albura de color blanco-amarillento y el corazón pardo-verdoso con tonalidades castaño-claras, presentando un hermoso veteado en el corte longitudinal que forma espigas, las cuales unidas a los haces leñosos muy revirados hacen del palo santo una muy vistosa madera, con brillo suave, olor agradable y característico, textura fina y homogénea.

Entre sus características resalta su peso específico de 1,280 kg/dm^3, una de las maderas más pesadas y de mucha dureza y tenacidad, pero apta para trabajar al torno, dando superficies bien pulidas y lisas como, por ejemplo, excelentes bastones, cofres, manijas, servilleteros, pedestales, ceniceros, vasos y maderas de adorno, soportes, etc., todos con gran vistosidad en el color y delicado aroma.

Se fabrican excelentes muebles siguiendo ciertas normas, debido a que la resina que contiene la madera contribuye a que se aflojen y salgan los clavos y tornillos.

Exige un secado lento para evitar la aparición de pequeñas grietas o rajaduras, que desmerecerían la calidad de los trabajos de tornería, tallas, muebles de lujo, partes importantes de instrumentos musicales, entre otros. Su excepcional resistencia al desgaste la hace muy apta para usos que exigen un gran esfuerzo al rozamiento, como bujes para hélices de embarcaciones, etc. Entre las fibras existen células cristalíferas con oxalato de calcio y abundantes resinas (15%) de color pardo-oscuro que le confieren resistencia al ataque de hongos e insectos y extraordinaria durabilidad. Por destilación se puede extraer un aceite esencial, conocido por guayacol, guajol o guayaco, utilizado en perfumería, como agregado del piretro en espirales contra los mosquitos, etc.

Del aserrín que queda puede separarse mediante solventes orgánicos, como etanol caliente, la resina, de gran dureza y quebradiza, apta para la fabricación de barnices y pinturas oscuras.

El palo santo está ligado al ritual

La madera del palo santo se destaca por su brillo y vistoso veteado.

Las hojas tienen dos grandes folíolos.

matrimonial de los indígenas de la región en que vive. Cuando una pareja de indígenas deseaba ligar sus destinos, debía plantar, sin testigo alguno, una plantita de esta especie que al desarrollarse normalmente parecía dar el "visto bueno" a tal unión. Si alguien ajeno a la pareja espiaba con malicia este simbólico acto, el matrimonio ya no se podría realizar jamás.

HOJAS: opuestas, compuestas, de 1,5 a 4 cm de largo por 1,5 a 2,5 cm de ancho sobre pecíolos de hasta 1 cm de largo, insertas en el extremo de ramitas abortadas. Folíolos dos, de 1 a 2,5 cm de largo por 0,8 a 1,5 cm de ancho, opuestos, sésiles, asimétricos, aovados, con base obtusa y ápice redondeado, glabros o solamente pubescentes en los márgenes, nervaduras cuatro a siete poco notables en ambas caras, subparalelas, márgenes enteros, marginados.

FLORES: hermafroditas, pequeñas, blanco-amarillentas, reunidas en inflorescencias de a dos, más raramente solitarias, axilares. Florece de abril a mayo.

FRUTOS: es una cápsula trialada, de 3,5 a 6,5 cm de largo por 3 a 4,5 cm de ancho, primero verde, al madurar marrón verdoso. Fructifica de junio a agosto, manteniendo los frutos hasta setiembre. Al tiempo de fructificar sus ramas carecen de hojas. Las semillas tienen de 12 a 18 mm de largo, de coloración castaño verdosa; reniformes.

CORTEZA: de poco espesor, muy rugosa, de color gris ceniciento, con grietas poco profundas (a veces caediza, apareciendo entonces superficies lisas) y placas pequeñas, marrón claro.

PEHUÉN
(Araucaria araucana)

Araucaria araucana (Molina) C. Koch (= *Araucaria imbricata* Ruiz et Pavón, *Pinus araucanax* Molina). Gimnosperma de la familia Araucariáceas.
Otros nombres comunes: araucaria, araucaria de Neuquén, pino, pino de Neuquén, piñón, piñonero, araucaria chilena, pino chileno.

Hermoso árbol de gran desarrollo, que puede alcanzar hasta 40 m de altura y tener troncos de 2,2 m de diámetro; aunque el término medio es de unos 25 m y 1 m respectivamente. Es una especie longeva, ya que vive entre 200 y 700 años, rondando excepcionalmente los 1.000 años de edad. Tiene porte piramidal en su juventud, perdiendo cuando adulto las ramas inferiores. En este último estadio se asemeja a una gigantesca sombrilla, por mantener solamente las ramas superiores que se disponen en verticilos de tres a ocho, con mayor frecuencia cinco, más o menos horizontales. El tronco recuerda una alta columna, en ocasiones un tanto cónica y, en árboles añosos, con la base muy engrosada.

En la Argentina se encuentra en los bosques cordilleranos de Neuquén, donde crece en formaciones puras o acompañado principalmente por la lenga o el coihue, entre los 900 y 1.900 m s.n.m. En Chile tiene una distribución más amplia.

Algunos topónimos neuquinos hacen referencia al pehuén, entre ellos, Pino Hachado, Primeros Pinos y Pino Solo.
Por la majestuosidad de las forma-

La corteza es gruesa y dividida en placas.

ciones silvestres de pehuén, al recorrerlas se experimenta la sensación de penetrar en un silencioso "templo natural".
Proporciona madera liviana a semipesada (peso específico: 0,600 kg/dm^3) y blanda. Es de buena calidad, de color blanco-amarillento tanto en albura como en duramen, aunque este último algo más coloreado. En el corte longitudinal presenta veteado suave. Tiene diversas aplicaciones como tablones, tablas para piso, pasta de papel, mástiles, etc.
Resulta una especie ornamental de gran belleza, aunque comparativamente es poco cultivado en la Argentina en oposición a los Estados Unidos de América y Gran Bretaña. La corteza segrega una resina, utilizada en medicina popular. Las semillas, muy ricas en hidratos de carbono y proteínas, otrora constituyeron una parte esencial en la alimentación de los aborígenes de la zona, siendo denominados estos grupos "pehuenches" o gente de los pehuenes. Actualmente la consumen los pobladores de la región, tanto nativos como inmigrantes.

HOJAS: persistentes, imbricadas, sésiles, simples, aovado-lanceoladas, de ápice punzante y base truncada, de 3 a 5 cm de largo por 8 a 25 mm de ancho, coriáceas, verde oscuro lustrosas, cubriendo totalmente las ramas largas y cilíndricas que las sostienen.

FLORES: es una especie dioica; es decir que presenta pies "machos", que llevan los amentos masculinos, y pies "hembras" que portan los conos femeninos. Los primeros son oblongo-cilíndricos, rojizos, de 7 a 13 cm de largo por 4 a 6 cm de ancho, con 10 a 20 sacos polínicos ubicados en dos filas. Los conos femeninos son ovoides o subglobosos, de 12 a 20 cm de diámetro, verdes (castaños a la madurez), compuestos de numerosas escamas dis-

Las ramas terminales están cubiertas por punzantes hojas.

puestas en espiral, fuertemente imbricadas, terminadas en largo apéndice aplanado; cada escama lleva una sola semilla. Florece a fines de agosto o en setiembre.

SEUDOFRUTOS: los piñones femeninos que contienen las semillas maduran en marzo o abril, 16 a 18 meses después de la fecundación. Esta variación en el tiempo de maduración provoca que en un mismo ejemplar se observen piñones verdes y piñones maduros próximos a caer. Las semillas son cuneiformes, leñosas, castaño-rojizas, lustrosas, de 2,5 a 4 cm de largo por 1 a 2 de ancho en la parte más gruesa. Se encuentran en número de 100 a 200 por cono.

CORTEZA: gruesa, de 10 a 20 cm de espesor, persistente, de color grisáceo oscuro, agrietada, dividida en placas más o menos poligonales. Es frecuente hallarla cubierta, en mayor o menor extensión, por líquenes del género *Usnea*, de color verde grisáceo, que ocultan el verdadero aspecto de la corteza.

PINO DEL CERRO
(Podocarpus parlatorei)

Podocarpus parlatorei Pilg. (= *Podocarpus angustifolius* Parl.).
Gimnosperma de la familia Podocarpáceas.
Otros nombres comunes: pino, pino blanco, pino montano, pino
tucumano, pino de Salta.

Es un vegetal de 8 a 20 m de altura, con diámetros en el tronco en correspondencia con la talla adquirida (entre 30 y 160 cm).

Se trata de una especie indígena de los bosques montanos de Bolivia y el Noroeste argentino, donde encuentra su límite austral de dispersión en el nordeste de Catamarca.

A pesar de su nombre común este árbol no es en realidad un pino, puesto que pertenece a la familia de las Podocarpáceas, con representantes en los bosques andino-patagónicos y en la selva misionera. Es el único *Podocarpus* del Noroeste argentino, donde crece sobre los 1.500 m s.n.m., formando bosques por manchones en las quebradas altas de las montañas, en las que llega hasta los 2.000 m s.n.m.

Es una especie dioica, encontrándose flores femeninas en noviembre y diciembre y masculi-

Las hojas son alargadas y angostas.

nas de enero a marzo. Posee frutos bien desarrollados de febrero a abril.

Proporciona madera blanda y liviana (peso específico: 0,480 kg/dm³), de color blanco amarillento. Es apta para carpintería, mueblería, chapas de madera compensada, pasta química de papel, etc.

Por su hermoso porte y follaje, debería ser más cultivado como ornamental. Se observan ejemplares de vivero en Buenos Aires, La Plata, Castelar, etc., donde se desarrolla bien.

HOJAS: persistentes, simples, alternas o subopuestas, glabras, sésiles, lineales a levemente falcadas, de 4 a 11 cm de largo por 4 mm de ancho, terminadas en una espinita punzante, con la cara superior algo más oscura que la inferior.

FLORES: unisexuales; aparecen en pies distintos. Las masculinas, que se presentan en amentos espiciformes de cerca de 10 mm de largo por 2 de ancho, con pequeñas escamas en la base. Los amentos, fascicula-

dos, por lo general en número de cinco, sostenidos por pedúnculos axilares de 8 a 15 mm de largo. Anteras de alrededor de 1 mm de alto, biloculares, de dehiscencia longitudinal. Las femeninas, solitarias, axilares, con un solo óvulo, sostenidas por un pedúnculo cilíndrico de 6 a 12 mm de largo.

SEUDOFRUTOS: drupáceos, subglobosos, de 5 a 6 mm de diámetro, lisos, glabros, cada uno sostenido por un receptáculo fructífero de 6 mm de alto por 3 de ancho. Semilla única, subglobosa, de unos 4 mm de diámetro.

CORTEZA: rugosa, de color pardo oscuro, muy agrietada en sentido longitudinal, de 2 a 3,5 cm de espesor; el último valor corresponde a troncos de 50 cm de diámetro. En ejemplares muy viejos, por acción de diversos depredadores, suele faltar en extensiones variables del tronco principal, apareciendo así de color amarillento.

Los conos drupáceos tienen 5 a 6 mm de ancho.

La corteza de ejemplares viejos presenta notables desprendimientos.

QUEBRACHO BLANCO
(Aspidosperma quebracho-blanco)

Aspidosperma quebracho-blanco Schlechtend. (= *A. crotalorum* Speg., A. *quebrachoideum* Rojas Acosta, *Macaglia quebracho* Kuntze). Angiosperma dicotiledónea de la familia Apocináceas. Otros nombres comunes: willca (en quechua), kachacacha (en aimara).

Arbol característico de la provincia fitogeográfica chaqueña junto con los quebrachos colorados, pero que se extiende también a zonas de transición con el Monte (Chaco Arido) y en la Mesopotamia. En el Chaco alcanza su mayor desarrollo, con hermosos ejemplares de 20 a 25 m de altura y troncos de hasta 1 m de diámetro, en tanto que en el Monte no excede los 7 m, cuando no queda reducido a simple arbusto de mediocre estatura; en la Mesopotamia es algo mayor, como se puede observar en la Selva de Montiel (Entre Ríos).

Su área de distribución abarca la Argentina, Bolivia, Uruguay y Paraguay. En la Argentina es donde alcanza mayor extensión, desde la frontera norte hasta el nordeste de San Juan, norte de San Luis, Córdoba y Santa Fe; cruzando el río Paraná, en Corrientes y Entre Ríos.

El tronco es recto, con un fuste que equivale a la mitad de la altura total. La copa es irregularmente obcónica. Según el botánico Teodoro Meyer, "en la naturaleza se pueden dis-

En el follaje se destacan los frutos leñosos.

tinguir dos formas: una (que generalmente se presenta en ejemplares adultos y viejos) con ramas largas péndulas, y otra, con ramas erectas, pero no presentan ninguna otra diferencia específica, siendo imposible diferenciarlas en el herbario". Florece de setiembre a enero y fructifica de diciembre en adelante.

Su madera es pesada (peso específico: 0,850 kg/dm^3) y dura, de color amarillo ocre a rosado, de múltiples aplicaciones, entre ellas la fabricación de carbón.

La corteza contiene tanino y principios medicinales. Se ha usado para combatir las fiebres perniciosas, y los habitantes del Noroeste argentino utilizaban el vegetal, ya que podría curarles el paludismo. Entre las sustancias presentes en la corteza se encuentran seis alcaloides: aspidospermina, aspidospermatina, quebrachamina, hipoquebrachina, aspidosamina y quebrachina. Actúan sobre los centros motores con una acción parecida al curare y pueden llegar a paralizar los movimientos del miocardio. La quebrachina sería idéntica a la yohimbina.

HOJAS: perennes, simples, rígidas, lanceoladas, de 20 a 50 mm de largo por 8 a 12 mm de ancho; espinosas en el ápice.

FLORES: hermafroditas, agrupadas en inflorescencias simosas, axilares y terminales, blanco amarillentas, perfumadas, con cáliz campanulado, con cinco sépalos triangular-aovados, de cerca de 1,5 cm de largo por otro tanto en la base; la corola es tubulosa, con cinco lóbulos oblongo-lineales de casi la misma longitud que el tubo (unos 5 mm). Posee cinco estambres inclusos adheridos en gran parte al tubo corolino, con anteras biloculares.

FRUTOS: cápsulas leñosas, de color verde grisáceo, dehiscentes, lisas, bivalvas, aovadas, elípticas o

Las hojas son recias, con una espina en la punta.

casi redondas y achatadas, de 7 a 11 cm de largo por 4 a 6 cm de ancho y 1 a 2 cm de espesor. Alojan numerosas semillas superpuestas, de contorno más o menos circular, de color amarillo claro, achatadas y rodeadas por un ala membranosa amarillenta, con un diámetro total comprendido entre los 3 y 6 cm.

CORTEZA: bien característica por ser gruesa, rugosa y de color amarillo-grisáceo.

La corteza es gruesa y rugosa.

81

QUEBRACHO COLORADO SANTIAGUEÑO
(Schinopsis quebracho-colorado)

Schinopsis quebracho-colorado (Schlechtend.) Bark. *et* Mey.
[= *Aspidosperma quebracho-colorado* Schlechtend.,
Loxopterygium lorentzii Griseb., *Schinopsis lorentzii* (Griseb.)
Engler]. Angiosperma dicotiledónea de la familia Anacardiáceas.
Otros nombres comunes: quebracho colorado,
quebracho santiagueño, paag, paaj.

Es un árbol grande, dominante, de hasta 24 m de altura y tronco de 1,10 m de diámetro, de fuste más corto y sinuoso que el quebracho colorado chaqueño y corteza similar. Su copa es abierta y su follaje es ralo. Presenta ramas jóvenes puberulentas y adultas glabras. Florece de febrero a marzo, fructificando de marzo a mayo.

El quebracho colorado santiagueño es la especie más característica de los bosques xerófilos del Chaco seco o Chaco occidental, limitando al este con el Chaco húmedo y al oeste con la yunga o selva tucumano-boliviana.

Al igual que otras especies de la familia Anacardiáceas, produce una molesta dermitis. El principio que la origina sería un cuerpo volátil del grupo del cardol.

La madera, como en el quebracho colorado chaqueño, tiene un gran porcentaje de duramen, al comparar con albura y corteza. El duramen es de color castaño rojizo, algo más claro que la otra especie y también más liviano (peso específico 1,170 kg/dm^3). Esta madera tiene un veteado suave pero hermoso, por presentar zonas más oscuras que la hacen interesante para el pulido y lustrado. El tamaño de los elementos que constituyen la madera es pequeño, encontrándose sumamente entrecruzados, haciéndola de difícil trabajabilidad, pero apta para tornería. Es muy dura y con una constitución histológica semejante al otro quebracho, especialmente en la observación con poco aumento. Su contenido en tanino es menor; posee hasta un 24% de extracto de quebracho con 62% de tanino puro.

Da mayor resultado para durmientes de ferrocarril, ya que se raja menos por su menor contenido tánico. Es empleado para obras que deben permanecer en contacto con agua y tierra soportando altos pesos, como bases de columnas y postes, montantes para barreras, alcantarillas, guardaganados, cubiertas de muelles, tranqueras, pilotes y postes cortos, generalmente labrados a hacha. Es de gran duración (60 años). Algunas de sus cualidades permitieron aplicaciones como dientes de ruedas, engranajes, cojinetes y ejes. Como combustible es insuperable por su alto poder calórico, utilizado tanto para leña como para carbón. Se le asignan a esta especie propiedades antiasmáticas.

HOJAS: caducas, alternas, compuestas, imparipinnadas, de hasta 17 cm de largo; con siete a 15 pares de folíolos, semicoriáceos, opuestos o subopuestos, sésiles, algo oblicuos en su base, de 7 a 30 mm de largo cada uno, color verde oscuro en el haz y grisáceos algo pubescentes en el envés.

FLORES: amarillas, pequeñas, pentámeras, con cáliz glabro, sépalos semiorbiculares, pétalos oblongo-ovados; estambres cinco, insertos bajo el borde del disco, anteras dorsifijas, de dehiscencia longitudinal. El ovario, en las flores femeninas y hermafroditas, es ovoide, unilocular, triestilado; en las flores masculinas es rudimentario. Las flores están agrupadas en panojas de 6 a 12 cm de largo.

FRUTOS: son sámaras leñosas,

Las hojas compuestas son imparipinnadas.

uniseminados, de 23 a 30 mm de largo, lustrosos, de color castaño claro cuando maduros, con el cáliz persistente en la parte basal. El largo de la semilla es de unos 7 mm.

CORTEZA: es parecida a la de su congénere chaqueño. De color pardo grisáceo, posee surcos que definen placas longitudinales, siendo menos pronunciados en el tronco y más marcados en las ramas principales.

Los frutos son de tonalidad castaña al madurar.

QUINA
(Myroxylon peruiferum)

Myroxylon peruiferum L. fil. Angiosperma dicotiledónea
de la familia Leguminosas (o Fabáceas), subfamilia Papilionoideas.
Otros nombres comunes: quina-quina, incienso colorado, kina
morada, quina colorada.

Arbol que alcanza los 30 m de altura y 1 m de diámetro en el tronco, con fuste esbelto de hasta 10 m de largo.

En la Argentina se lo encuentra en la selva basal de las yungas, entre los 350 y 800 m s.n.m., en las provincias de Salta y Jujuy.

Su madera presenta una albura blanco-amarillenta, diferenciándose notablemente del duramen, que es castaño-rosado, tornándose lentamente rojizo.

Su textura es mediana, homogénea y de grano entrelazado; con un veteado suave, a veces espigado, que va desapareciendo al homogeneizarse e intensificarse el color rojizo. Sus anillos de crecimiento anual no son demarcados.

Es madera pesada (peso específico: 0,960 kg/dm^3); muy dura y con buenos caracteres a los esfuerzos de flexión, elasticidad y choque, que la hacen apta para usos en construcciones hidráulicas, como puentes y muelles.

El secado de la madera de quina debe hacerse lentamente, tanto en los procesos al aire libre como en hornos secadores. Tiene buena estabilidad, siendo mediana (10,9%) su contracción volumétrica.

No es apta para tratamientos de impregnación, siendo naturalmente resistente para usos a la intemperie, durable en contacto con la tierra y la humedad, similar en tal fin al lapacho y el urunday.

Sus características de trabajabilidad son deficientes por su dureza y grano entrelazado, que provocan inconvenientes al aserrar, cepillar, clavar, etc., aunque puede obtenerse buena terminación con lustres adecuados. Se la utiliza en trabajos de tornería, culatas de tacos para billar, pisos, marcos de puertas y ventanas, artículos rurales, bretes y mangas, entre otros. En mueblería se obtienen piezas pesadas de lujo y gran duración, como también enchapados muy decorativos.

Esta quina es un pariente cercano del *Myroxylon balsanum* de Centroamérica, famoso por producir el bálsamo de Perú, usado en medicina y perfumería.

HOJAS: compuestas, de hasta 13 cm de longitud, imparipinnadas, con tres a 11 folíolos oval-lanceolados, alternos, de margen entero, ápice agudo, observándose al trasluz abundantes punteados y rayas glandulares, paralelas a las nervaduras secundarias.

FLORES: hermafroditas, blanquecinas, de hasta 12 cm de largo,

Las hojas están compuestas por folíolos alternos.

agrupadas en racimos apanojados axilares, de 5 a 12 cm de largo.

FRUTOS: sámaras asimétricas, amarillentas, de 5 a 7 cm de largo por 1,5 a 2 de ancho; con semilla apical, lisa, resinosa, con dos alas coriáceas y grueso nervio submarginal.

CORTEZA: rugosa, gruesa y de color castaño-grisáceo. Segrega una resina.

La madera de la quina es pesada y muy dura.

85

RADAL
(Lomatia hirsuta)

Lomatia hirsuta (Lam.) Diels. [= *Lomatia obliqua* (R. *et* Pav.) R. Brown., *Embotrium hirsutus* Lam.]. Angiosperma dicotiledónea de la familia Proteáceas.

Otros nombres comunes: ral-ral, raral, rairal, nogal del Sur.

Se caracteriza por tener dos formas de vida: una arbustiva a modo de mata, y otra arbórea, que puede alcanzar los 15 m de altura y troncos de 75 cm de diámetro. Su copa es de forma globosa, con ramas largas y flexibles. De corteza delgada, lisa o ligeramente rugosa, de color pardo oscuro.

El radal es otra de las especies que forman parte del sector valdiviano de los bosques cordilleranos del Sur, formación vegetal que tiene mayor distribución y desarrollo en Chile. No alcanza el porte típico de las especies arbóreas de la zona, pero reviste importancia por su valiosa madera. No forma bosques puros, encontrándolo generalmente junto con otras especies como el ñire, el ciprés y el maitén, entre otros.

La madera presenta un sámago de color gris-amarillento y duramen castaño-rojizo con tonalidades violáceas, brillante y con hermoso veteado que se demarca bien en algunos cortes, sobre todo en el longitudinal.

El tamaño de los elementos constitutivos del leño es mediano y se disponen en dirección levemente desviada a la del eje vertical del árbol, pero en el corte paralelo a los radios leñosos el alineamiento es marcadamente jaspeado.

En el corte transversal del tronco se observan nítidamente los anillos anuales, debido a que son dos o tres las bandas de vasos que se superponen y comprimen entre sí en cada anillo.

Indudablemente es el corte radial el de más valor en la made-ra de radal, obteniéndose un hermoso veteado, con dibujos muy pronunciados por ser bastante anchos los radios leñosos.

Es madera moderadamente pesada (peso específico: $0,550\ kg/dm^3$), que por su extraordinaria belleza se presta muy bien para elaborar piezas de adorno como cabos de cuchillos, cortapapeles, cajas para cigarrillos, ceniceros, cigarreras, bomboneras, etc., de gran aceptación por los turistas.

Su utilización forestal está limitada por el diámetro de los troncos y por su reducida distribución en la Argentina. Su corteza se usa para teñir de color café. Al leño se le asignan propiedades pectorales y antiasmáticas en medicina popular. La infusión de hojas y corteza es utilizada como purgante.

Las hojas del radal son duras y brillosas.

HOJAS: persistentes, simples, grandes, coriáceas, de unos 8 cm de largo por 3 de ancho, dispuestas alternadamente sobre las ramitas, e insertas por un pecíolo de unos 2 cm de largo; presentan formas y tamaños variables como elípticas, aovadas y redondeadas. Son brillantes en el anverso y de borde aserrado en los dos tercios superiores, con ápice obtuso y nervaduras bien demarcadas en el envés.

FLORES: hermafroditas, asimétricas, con cáliz ausente y cuatro pétalos libres blanco-amarillentos. Dispuestas en una inflorescencia racimosa que aparece en las axilas de las hojas, cuyas flores y pedúnculo se encuentran recubiertos por una suave vellosidad.

FRUTOS: cápsulas dehiscentes, folículos alargados de unos 2 cm de largo por 8 mm de ancho, de color negro a la madurez, leñosos, colgantes, con numerosas semillas de ala truncada en su interior.

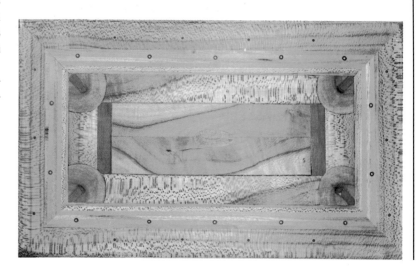

Objeto decorativo realizado con su hermoso veteado.

RAULÍ
(Nothofagus alpina)

Nothofagus alpina (Poepp. *et* Endl.) Oerst. [= *Nothofagus procera* (Poepp. *et* Endl.) Oerst.; *Nothofagus nervosa* (Phil.) Dim. *et* Mil.].
Angiosperma dicotiledónea de la familia Fagáceas.
Otros nombres comunes: rewulí, roblín, cedro del Sur.

Es un árbol que en condiciones ambientales adecuadas puede alcanzar los 35 m de altura y 1,4 m de diámetro en el tronco. Tiene fuste recto y largo, con la copa erguida y relativamente angosta, oblongo-piramidal. Sus hojas son las de mayor tamaño dentro de las especies argentinas de *Nothofagus*.

En la Argentina lo encontramos en una limitada zona de la provincia de Neuquén, ocupando los faldeos de los lagos Lácar, Lolog, Huechulafquen, Curruhue, Paimún y otros. Sus principales formaciones se hallan al noroeste del Lácar, en las proximidades del paso Hua-Hum, dentro del Parque Nacional Lanín. Prefiere las laderas orientadas hacia el sur, que son las que reciben mayores precipitaciones, hasta no más de 15 km hacia el este de la frontera con Chile, demostrando su elevada exigencia de humedad. Alcanza hasta los 1.350 m s.n.m., en pendientes suaves, acompañado por el coihue o el roble pellín.

Su madera es de color amarillo-rosado en su albura y castaño-rosado, con tendencia a oscurecerse su duramen. Tiene un veteado demarcado y un brillo suave.

Su textura es fina y homogénea, con los elementos dispuestos paralelamente al eje vertical del árbol. Su madera es semipesada (peso específico: 0,600 kg/dm^3), y reúne características de alta calidad, resistencia a los esfuerzos de flexión, semidura, que la hacen muy apreciada para la obtención de tablas, pues no se tuerce, seca sin problemas en el proceso natural o artificial, con excelente estabilidad dimensional. Se la utiliza para construcciones de casas, marcos de puertas y ventanas, celosías externas, colmenas, cascos, parquets, tablones y, en general, para construcciones a la intemperie, debido a que contiene taninos que la hacen resistente al ataque de microorganismos y de insectos xilófagos, siendo conveniente su protección superficial con pinturas o barnices.

Se trabaja sin inconvenientes con herramientas de carpintería, obteniéndose buena terminación con tintas, lustres y barnices. Fácil de cepillar, pulir, clavar, etc., es muy utilizada en mueblería y carpintería general para hacer baúles, bancos de escuelas, estanterías, maderas terciadas, pizarrones, puertas, sillas, zócalos y lápices, entre otros.

También encuentra aplicación en tonelería, en la fabricación de instrumentos musicales, artículos para deportes, embarcaciones, etc.

HOJAS: caedizas, simples, alternas, de hasta 12 cm de largo por 4 de ancho, de forma oval-oblongas, cortamente pecioladas, con estípulas caducas y membranosas, ápice agudo, borde débilmente aserrado, ondulado, de color verde grisáceo y pubescente en el envés, con nervadura central prominente, mientras que las laterales son paralelas entre sí.

FLORES: unisexuales; las masculinas son solitarias o dispuestas de a dos o tres en racimos cortos y débiles; las femeninas en número de tres, rodeadas por una envoltura común que constituye la cúpula.

FRUTOS: conformados por tres aquenios de color pardo-oscuro a la madurez, el central aplanado y bialado y los dos laterales trialados, de unos 5 mm de largo.

CORTEZA: pardo-grisácea fisurada.

La corteza presenta notables grietas longitudinales.

Las hojas del raulí son las de mayor tamaño entre los Nothofagus *de la Argentina.*

ROBLE CRIOLLO
(Amburana cearensis)

Amburana cearensis (Allem.) A. C. Smith. Angiosperma
dicotiledónea de la familia Leguminosas (o Fabáceas),
subfamilia Papilionoideas.
Otros nombres comunes: roble del país, roble, roble salteño,
palo trébol.

Arbol grande, de hasta 30 m de altura, esbelto y de fuste recto con 50 a 90 cm de diámetro en el tronco.

En la Argentina es una especie característica de la yunga o selva tucumano-boliviana de Salta y Jujuy, hasta los 850 m s.n.m.

La madera tiene color muy parecido en su espesa albura blanco-cremosa y su duramen amarillo-ocre. Tiene un veteado pronunciado y muy llamativo parecido al del roble europeo (*Quercus robur*) en el corte longitudinal-tangencial, con buen brillo natural y ligeramente dorado. Brinda así una de nuestras mejores maderas para trabajos de ebanistería fina, mueblería de lujo, revestimientos interiores, enchapados, maderas terciadas, etc.

Es una madera de textura gruesa y grano derecho a oblicuo, moderadamente pesada (peso específico: 0,600 kg/dm^3), blanda a semidura. La albura tiene muy poca durabilidad y es fácilmente atacada por insectos xilófagos, por lo cual es recomendable eli-

Las hojas están compuestas por grandes folíolos ovales.

minarla para todos los trabajos de calidad. Su proceso de secado y estacionamiento es muy normal, sin problemas de rajaduras o deformaciones ni manchas por humedad en la madera del duramen, que es muy estable y de buen comportamiento físico. Es madera de fácil trabajabilidad, dando buen resultado en el cepillado. De esta forma se obtienen superficies lisas que aceptan bien los barnices y lustres.

HOJAS: caducas, compuestas, alternas, imparipinnadas, de hasta 15 cm de largo, con siete a 12 folíolos. Estos poseen 5 cm de largo por 2,7 cm de ancho y son ovales. El ápice de las hojas está ligeramente redondeado, la base es obtusa y el borde entero. La consistencia es herbácea

y poseen nervaduras pubescentes en el envés.

FLORES: hermafroditas, agrupadas en racimos breves fasciculados, multifloros de 3 a 4 cm de largo. Sus corolas son de un solo pétalo de 7 mm de largo, de color blanco-cremoso, muy perfumadas.

FRUTOS: legumbre recta, oblonga, de 8 cm de largo, coriácea, cuya dehiscencia se produce en el extremo distal de su única semilla ovoide algo comprimida. La misma es de 12 mm de largo, de color castaño-claro y con una pequeña ala papirácea blanco-cremosa. Estas semillas, al igual que la madera, tienen un olor característico y agradable a cumarina parecido a los tréboles de olor, razón que dio origen al nombre de "palo trébol".

CORTEZA: el roble criollo tiene una típica corteza lisa de color rojo ladrillo. Esta a su vez se encuentra cubierta por una epidermis papirácea que se desprende en trozos irregulares de delgadas láminas que dejan ver, al caer, la corteza nueva blanco-amarillenta.

La corteza se desprende en delgadas láminas.

La madera tiene un llamativo veteado similar al roble europeo.

ROBLE PELLÍN
(Nothofagus obliqua)

Nothofagus obliqua (Mirb.) Blume (= *Fagus obliqua* Mirb.).
Angiosperma dicotiledónea de la familia Fagáceas.
Otros nombres comunes: roble, roble de Neuquén, coyan, pellín, hualle.

Es un árbol de gran porte, con alturas de 35 m y troncos de 1,5 m de diámetro, de fuste recto y largo, con robusta copa piramidal. Tiene ramas ligeramente perpendiculares al tronco. Sus hojas suelen estar plegadas para evitar una evaporación excesiva por efectos del viento, persiguiendo el mismo fin la pubescencia que presentan las hojas jóvenes.

Lo encontramos en la porción norte de los bosques andino-patagónicos, principalmente en el Parque Nacional Lanín, desde el lago Lácar al Quillén. En general forma masas puras, frecuentemente asociadas con el raulí, y más al norte junto a la lenga y al pehuén, formando hacia el centro-sur de Chile importantes "pellinadas" puras. El bosque de roble pellín más septentrional de la Argentina se encuentra en los alrededores de las lagunas de Epulafquen, una Reserva provincial neuquina.

Florece en primavera, a partir de setiembre, siendo su fecundación anemófila. Los frutos maduran en febrero y marzo.

Proporciona madera semipesada (peso específico: 0,720 kg/dm³). Cuando es verde es más pesada que el agua, por lo tanto un árbol recién cortado se hunde indefectiblemente. La gruesa albura es de color rosa-amarillento y duramen pardo a castaño-rojizo. Es una madera dura, de textura fina y homogénea, con ligero veteado y poco brillo natural, siendo más brillante en el corte longitudinal, donde se distinguen, observando con lupa, la trayectoria rectilínea de los vasos en el corte tangencial y un leve jaspeado cuando es corte radial. Sus anillos de crecimiento son bastante demarcados.

Tiene algunas sustancias tánicas, constituyendo un duramen sumamente durable e imputrecible, de indiscutible solidez. Es fácil de trabajar, pero de difícil secamiento ya que se arquea y se agrieta, debiendo aplicarse procesos lentos, suaves y preferentemente con vapor para neutralizar distintas tensiones de secado.

Localmente se utiliza la madera del roble pellín en trabajos de exposición a la intemperie y humedad, como construcciones hidráulicas, postes de líneas aéreas, pilares y tablones de puentes, etc., siendo indispensable quitar la corteza y albura, que es fácilmente atacada por microorganismos. El duramen no se puede impregnar con líquidos preservantes.

Su empleo se extiende a carpintería y ebanistería, por ser madera fuerte con buenas propiedades de resistencia a los esfuerzos de flexión y choque; carrocerías, artículos para deportes, armazones de embarcaciones, accesorios de máquinas agrícolas, plataformas, etc., son sus principales usos. Se presenta muy bien para la fabricación de muebles. Aunque es madera dura, raja derecho, es fácil de trabajar y toma bien la pintura, los barnices y lustres.

HOJAS: caedizas, simples, alternas, de 2 a 6 cm de largo por 2 de ancho, de formas variables aunque en general oval-lanceoladas, con ápice acuminado, base oblicua y borde aserrado, cortamente pecioladas, de color verde pálido, con nervadura más pronunciada en su cara inferior, existiendo una yema prominente en la base de cada hoja.

La corteza es agrietada.

FLORES: unisexuales (monoicas). Las masculinas con 30 a 40 estambres, solitarias e insertas por un pedúnculo corto en las axilas, al igual que la inflorescencia femenina, que consta de tres flores rodeadas por una envoltura común, pubescentes, poco vistosas y sin fragancia.

FRUTOS: triaquenios, los dos laterales de sección triangular y el central aplanado, bialado; pequeños, de color blanco-amarillento, casi leñosos, con pequeñas semillas duras (7 mm).

CORTEZA: gruesa y agrietada, de color pardo oscuro, siendo lisa y grisácea en árboles jóvenes.

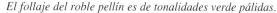

El follaje del roble pellín es de tonalidades verde pálidas.

SAUCILLO
(Acanthosyris falcata)

Acanthosyris falcata Griseb. Angiosperma dicotiledónea de la familia Santaláceas.

Otros nombres comunes: ibáheé, ibá-je-é, sacha-pera (en Tucumán), sombra de toro hembra.

Arbol por lo general espinoso, ocasionalmente inerme, de 8 a 10 m de altura, con 20 a 40 cm de diámetro en el tronco. Las ramas y ramillas frágiles, glabras, conforman una copa amplia y bastante intrincada, de follaje caedizo.

Su área de distribución es bastante amplia en la Argentina. Se extiende desde la frontera norte con Bolivia y Paraguay hasta el norte de Córdoba y Santa Fe y noroeste de Corrientes.

Las hojas finas semejan un tanto a las de un sauce, de aquí el nombre de "saucillo" que se le da comúnmente; en tanto que el de "ibá-hé-hé" (= "fruta dulce"), que se le aplica en el ámbito guaraní, es una referencia al sabor de sus frutos dulcísimos muy buscados por esta razón por niños y pájaros.

Produce madera blanda, de escasas aplicaciones, blanco amari-

Las hojas son semejantes a las de los sauces.

llenta y semipesada (peso específico: 0,751 kg/dm³).

Los frutos, que encierran una pulpa fibrosa, muy jugosa, hacen las veces de chicles para los niños del campo: se mascan hasta que quedan reducidos a una masa fibrosa, seca y blanquecina que se arroja luego; se le asignan propiedades en medicina popular.

HOJAS: caedizas, de pubescencia escasa, lanceolado-falcadas (las menos curvadas recuerdan un tanto las de ciertos sauces), con la nervadura central sobresaliente, de 5 a 13 cm de largo por 5 a 15 mm de ancho. Se presentan alternadas o reunidas en fascículos nacidos sobre ramillas brevísimas, poseen base

atenuada y ápice obtuso o agudo. El borde es liso y el pecíolo breve, de 3 a 6 mm de longitud; es pubescente.

FLORES: hermafroditas, verde amarillentas, perfumadas, reunidas en cimas de tres a cinco flores y sostenidas por un pedúnculo breve.

FRUTOS: drupas globosas, amarillentas a la madurez, de 15 a 18 mm de diámetro, algo parecidas a un damasquito, con una sola semilla. Esta es un carozo subesférico, oscuro, de unos 10 mm de diámetro. La pulpa, fibrosa, jugosa y dulce, es comestible. Maduran en octubre y diciembre.

CORTEZA: muy característica, de contextura firme y buen relieve; de color gris a castaño-grisáceo, muy dura, fuertemente resquebrajada, con depresiones y saliencias aristadas más o menos paralelas o un tanto sinuosas que confluyen con las saliencias vecinas.

Los frutos parecen pequeños damascos; son dulces y comestibles.

La corteza está cubierta de depresiones.

95

SAÚCO
(Sambucus peruvianus)

Sambucus peruvianus Kunth. Angiosperma dicotiledónea
de la familia Caprifoliáceas.
Otros nombres comunes: saúco del Noroeste, saúco serrano, kiola.

Arbolito o árbol inerme de follaje tardíamente caduco, de 4 a 10 m de altura, rara vez más, con el tronco de 20 a 50 cm de diámetro.

Es indígena de Perú, Bolivia y el Noroeste argentino, en las sierras de Jujuy, Salta, Tucumán y Catamarca, donde se lo halla en el nivel superior de la selva y en los bosques de altura, especialmente entre los 900 y 2.000 m s.n.m., en quebradas y faldeos húmedos.

Florece desde septiembre hasta enero, fructificando a partir de diciembre.

Tiene una madera blanda, de color blanco, con médula abundante, sin mayores aplicaciones.

Las flores, las bayas y la corteza de los gajos tiernos tienen propiedades purgantes y sudoríficas. Con los frutos maduros, que poseen sabor agradable, se elaboran dulces.

Las flores del saúco se disponen en densas cimas.

Los folículos de las hojas son grandes y de bordes aserrados.

Es una planta de rápido crecimiento que se reproduce de semilla y por gajos, cultivándosela como ornamental y de reparo.

HOJAS: tardíamente caedizas, compuestas, opuestas, imparipinnadas, de 15 a 40 cm de largo, de los cuales 3 a 10 cm corresponden al pecíolo, con tres a nueve folíolos opuestos, aovado-lanceolados, de 6 a 15 cm de largo por 3 a 6 cm de ancho, acuminados, de base oblicua y finamente aserrados en el borde, verde oscuro en la cara superior, más pálidos en la inferior, pubescentes en la nervadura media y en la base de las secundarias.

FLORES: hermafroditas, pequeñas, blancas, dispuestas en cimas termi-

nales muy ramificadas, corimbiformes o umbeliformes. Cáliz tubuloso con cinco a seis lóbulos subtriangulares. Corola rotácea, con cinco a seis pétalos blancos, oblongos, de 3 mm de largo por 2 mm de ancho. Estambres cinco, alternando con los pétalos, insertos en el tubo de la corola, de filamento breve, cilíndrico. Ovario tres a cinco locular, ínfero, con un óvulo en cada lóculo.

FRUTOS: bayas subglobosas, de unos 8 mm de diámetro, glabras, morado-oscuras, tres a seis seminada, con cáliz persistente. Semillas oblongas, de unos 3 mm de largo por 1 a 1,5 mm de ancho, castañas, subtrígonas, lisas.

CORTEZA: rugosa, gruesa, de color grisáceo-pardo, fisurada longitudinalmente, que por su estructura particular sirve de magnífico sostén a las numerosas epífitas de la selva (helechos, piperáceas, orquídeas, etc.).

La corteza tiene pronunciadas fisuras longitudinales y suele estar cubierta de plantas epífitas.

SOMBRA DE TORO
(Jodina rhombifolia)

Jodina rhombifolia (Hook. *et* Arn.) Reissek (= *Jodina cuneifolia* Miers). Angiosperma dicotiledónea de la familia Santaláceas. Otros nombres comunes: quebrachillo flojo, quebracho flojo, quebrachillo, peje, chinchillín, quinchillín, sombra de toro macho, sangre de toro.

Arbol por lo general bajo, de 2 a 5 m de altura, con 20 a 35 cm de diámetro en el tronco, follaje perenne, abundante y rígido que sugiere un poco el del exótico acebo (*Ilex aquifolium*), el clásico símbolo de Navidad con el que podría rivalizar en belleza. Suele crecer en los montes, ya en forma aislada, y apoyado en algún árbol vecino. Por esta circunstancia y por el hecho de pertenecer a una familia vegetal en la que abundan los parásitos, se le atribuye un parasitismo, al parecer inexistente.

Su área de distribución natural es muy vasta en la Argentina, puesto que está citada para la dilatada área que se extiende desde Río Negro y La Pampa hasta la frontera con Bolivia, donde también crece, como así en Brasil meridional, Paraguay y Uruguay.

Su abundante pero casi insignificante floración tiene lugar en otoño-invierno —varía un tanto, de acuerdo con la latitud—, advirtiéndose principalmente por la delicada fragancia que exhalan sus pequeñas flores. Fructifica de julio a diciembre, meses en los que sus ramillas se cubren de numerosos frutitos carnosos

Los frutos son muy vistosos al madurar.

y rojizos, que realzan el valor decorativo de la planta.

El nombre común de sombra de toro provendría de la protección que brinda la planta a este animal, especialmente en invierno, cuando el resto de la vegetación está defoliado. Peje, la otra denominación usual de esta especie, hace referencia a la forma romboidal como de pez (peje en castellano antiguo) de las hojas. La madera es blanda y de hermosa contextura pero de escasas aplicaciones; su peso específico es de 0,708 kg/dm^3. Se la ha utilizado para hacer yugos; antes de labrarla se la sumerge un día en agua, donde se endurece y adquiere resistencia.

Se le asignan distintas propiedades en medicina popular: antivenéreo (frutos), antidisentérico (corteza) y digestivo (hojas). En Corrientes es utilizado para curar la tos, el asma y el alcoholismo.

HOJAS: muy características por su forma romboidal, de posición alterna, levemente pecioladas, de 3 a 5 cm de largo por 2 a 3,5 cm de ancho, punzante en el ápice y con una espina más corta en cada uno de los ángulos laterales. Son de consistencia coriácea y superficie glabra. La nervadura central es muy prominente, en tanto que las secundarias, reticuladas, no ofrecen relieve y se mantienen sobre la planta durante todo el año.

FLORES: hermafroditas, pequeñas, de color verde-amarillento, de 5 mm de diámetro, con perigonio acampanado, grueso, pubescente por fuera y dividido en cinco tépalos peltados.

FRUTOS: globosos, muy rugosos, de unos 7 mm de diámetro, divididos desde la base en cinco segmentos caedizos, resultantes del acrecentamiento de los tépalos; en un principio son carnosos y rojizos, siendo muy decorativos, y luego se tornan secos y pardos, desprendiéndose finalmente. El endocarpo es leñoso, con una semilla única. Esta es semiesférica, achatada, de alrededor de 5 mm de diámetro, con abundante albumen carnoso.

CORTEZA: en los ejemplares jóvenes pardo-grisácea, más o menos lisa y con pequeñas salientes. En los adultos se torna pardo-amarillenta y aun levemente rojiza; es suberosa, resquebrajada con mayor o menor profundidad según la edad, irregularmente dividida en placas de unos 2 a 3 cm de largo por 1 a 2 cm de ancho. Al raspársele la superficie asoma un color amarillento ocre, de aspecto corchoso.

Las hojas tienen una típica forma romboidal.

La corteza de los ejemplares adultos es resquebrajada.

TATANÉ
(Pithecellobium scalare)

Pithecellobium scalare Griseb. [= *Pithecellobium tortum* (Mart.)].
Angiosperma dicotiledónea de la familia Leguminosas
(o Fabáceas), subfamilia Mimosoideas.
Otros nombres comunes: tataré, palo cascarudo, espinillo.

Las hojas tienen folículos de 1 a 2,5 cm de largo.

Arbol que alcanza alturas de 15 m y diámetros en el tronco de 80 cm, habiéndose designado como "tatané abuelo" un gigantesco ejemplar de 1,30 m de ancho encontrado en la Colonia Tacuruzal (Chaco), aunque debido a la explotación incontrolada de que fue objeto resulta raro hallar ejemplares mayores de 10 metros.

Es una especie de poca participación porcentual en las masas boscosas silvestres pero de extensa distribución geográfica en la Argentina, encontrándola desde la selva misionera hasta las faldas orientales de los contrafuertes andinos en las yungas, desde los 300 a los 600 m s.n.m. Al corte transversal del tronco de tatané se observa la albura de color blanco-amarillento y un duramen amarillo-ocráceo con tendencia más oscura. La madera es liviana a semipesada (peso específico: 0,510 kg/dm^3). Tiene porosidad difusa con poros pequeños invisibles a simple vista, con elementos leñosos dispuestos irregularmente, textura mediana y grano derecho, ligeramente sinuoso hasta entrecruzado; presenta un excelente brillo dorado natural y un atractivo y suave veteado amarillento.

La preparación de tablas, el secado y estacionamiento no presentan inconvenientes, manteniendo una buena estabilidad dimensional, con sólo un 10,8% de contracción volumétrica. Es semidura con muy buenas condiciones de trabajabilidad, prestándose para obtener excelente terminación pulida, barnizada o lustrada, constituyéndose en una atractiva madera para mueblería fina, trabajos de revestimientos, enchapados o maderas terciadas, molduras y tallas de calidad, ebanistería en general, mesas, sillas, escritorios, etc., y todo trabajo donde se necesite madera decorativa. No es apta para usos a la intemperie, aunque es posible la aplicación de tratamientos de impregnación. También se le utiliza para fabricar artículos de tornería, hormas, mangos y cabos de herramientas, tonelería y carrocerías de lujo, entre otros.

HOJAS: compuestas, bipinnadas, con ocho o más pares de folíolos elípticos, alargados, ensanchados en su parte superior, medianos, de 1 a 2,5 cm de longitud, opuestos y con pecíolo corto.

FLORES: hermafroditas, presentan más de diez estambres cada una,

Las flores se ubican en capítulos.

son de color blanco-amarillento, agrupadas en capítulos pedunculados y corola de 5 a 6 mm.

FRUTOS: curvo, enroscado en espiral irregular, de varias vueltas, formando 2 a 3 espigas, no carnoso, con semilla uniseriada y de dehiscencia no elástica o nula.

CORTEZA: es de color gris-amarillento, con surcos profundos, forma fuertes placas que caen o son fácilmente arrancables a medida que otras nuevas se forman interiormente.

Un tonel, aplicación local poco común. Tiene mayor utilización aprovechando sus cualidades ornamentales, especialmente su veteado amarillo dorado tipo "marejada".

TEN
(Pilgerodendron uviferum)

Pilgerodendron uviferum (Don) Flor. [= *Libocedrus tetragona* (Hook. Endl.)].
Gimnosperma de la familia Cupresáceas.
Otros nombres comunes: ciprés de las guaitecas, cedro, len.

Árbol o arbolito de fuste cónico y recto, semejante al ciprés de la cordillera, alcanza hasta 20 m de altura, con un tronco de 80 cm de diámetro.

Es considerada la conífera de distribución geográfica más austral del mundo, llegando en territorio chileno hasta Tierra del Fuego. En la Argentina la encontramos formando pequeños bosques ralos en contados sitios: entre Puerto Blest y Laguna Frías en el Parque Nacional Nahuel Huapi y en el Cordón Serrucho (Río Negro), nacientes del río Turbio (Chubut), y ciertos puntos del Parque Nacional Los Glaciares como Punta Bandera y la margen del Lago Rico del sistema del Lago Argentino (Santa Cruz). Es una especie endémica de los bosques subantárticos argentino-chilenos. Alcanza su mejor crecimiento en el sur de Chile, con elevadas precipitaciones (alrededor de 3.000 mm anuales).

Vive en ambientes anegadizos (y sus inmediaciones) donde se desarrollan turberas con abundancia de musgos del género *Sphagnum.* Allí el ten forma bosques puros o asociados al alerce, el maniú hembra, el maniú macho y algunas especies arbóreas del género *Nothofagus.*

La escasez y reducida distribución del ten en la Argentina y la extracción de ejemplares por lugareños para obtener su madera de buena calidad, considerada "imputrescible", ha motivado la inclusión de esta especie entre las plantas argentinas amenazadas de extinción.

Su nombre científico proviene de "Pilger", apellido de un botánico alemán especializado en coníferas; "dendron", que en griego es árbol, y "uviferum", o sea que posee uvas, aludiendo al aspecto de sus conos.

En la zona de Puerto Blest florece en noviembre y fructifica de noviembre a febrero.

La madera es de color blanco-amarillento en su albura y rosado en su duramen, con los anillos de crecimiento anual bien demarcados. Tiene veteado suave, algo más notable y jaspeado en los cortes radiales. Su textura es fina y uniforme con grano derecho. Su peso específico de 0,500 kg/dm^3 nos indica que es madera liviana, blanda, fácil de trabajar.

La escasa disponibilidad de esta madera no permite la expansión de su uso, siendo apta para construcciones en el agua por su gran durabilidad. Es utilizada en trabajo de carpintería general, como por ejemplo en la fabricación de puertas y ventanas, en la fabricación de muebles, en la construcción de embarcaciones, instrumentos musicales, tallas, marcos y aberturas.

HOJAS: opuestas, muy pequeñas, de unos 6 mm de largo por 2 mm de ancho, con aspecto de escamas, dispuestas de forma opuesta y en cruz de manera que los tallitos con hojas tienen sección cuadrangular. En el campo el ten puede parecerse al alerce, con el cual convive, pero este último tiene sus hojas dispuestas en ciclos de a tres (el ten las tiene de a dos y opuestas).

FLORES: presentan flores unisexuales, con ambos sexos en el mismo ejemplar (o sea, son diclinas monoicas). Las masculinas forman amentos de 0,5 cm de largo; las femeninas se reúnen en conos ovoides de 0,8 cm de longitud, con dos pares de escamas opuestas, cada una con varios óvulos.

SEUDOFRUTOS: conos leñosos con cuatro escamas que terminan en un mucrón apical; tienen una a dos semillas, aladas.

CORTEZA: delgada y de color rojizo, caracterizada por el desprendimiento en pequeñas placas más oscuras de súber viejo.

Las hojas son pequeñas y con forma de escamas.

TIPA BLANCA
(Tipuana tipu)

Tipuana tipu (Benth.) Kuntze. (= *Machaerium tipu* Benth.,
Tipuana speciosa Benth.). Angiosperma dicotiledónea de la familia
Leguminosas (o Fabáceas), subfamilia Papilionoideas.
Otro nombre común: tipa.

Arbol de talla muy grande, alcanza los 40 m de altura con un diámetro en el tronco que puede superar el metro y medio. Inerme, de fuste mediano y bastante recto. Presenta numerosas y gruesas ramas flexuosas, sostenes de la amplia y densa copa redondeada, divididas a su vez en ramas de menor diámetro y ramillas igualmente flexuosas.

Es nativa de la selva tucumano-boliviana, penetrando desde Bolivia hasta la provincia de Catamarca en la Argentina. Ocupa el piso inferior de las laderas selváticas, conviviendo con laureles de la falda, cedros, tarcos o jacarandaes, pacaraes, etc.

Florece de octubre a diciembre y fructifica de enero a abril. Los frutos maduros pueden permanecer en la planta durante gran parte del año.

Algunos ejemplares constituyen metas de interés turístico, tales los de Tipa Grande y Rosario de la Frontera en Salta. Uno de estos árboles lamentablemente ha desaparecido; estaba ligado a la tradición histórica argentina: la "Tipa de la Independencia", testigo de la jura de la bandera nacional por el ejército auxiliar del Perú, el 13 de febrero de 1813.

Una característica de este árbol es la llamada "lluvia de la tipa", provocada por un insecto, la chicharrita *Cephisus siccifolius*. Durante la primavera y verano, este homóptero succiona la savia de la planta, que luego elimina formando copos de espuma en las ramas, que por su continuo goteo dan impresión de una llovizna. Es una sustancia pegajosa que también la presentan otras leguminosas como el seibo (*Erythrina crista-galli*).

Tiene madera moderadamente pesada a pesada (peso específico entre 0,670 y 0,750 kg/dm^3), semidura y de color blanco-amarillento. Presenta un veteado con suave espigado. Es fácil de trabajar, con diversas aplicaciones en carpintería, mueblería, artículos para deportes, fabricación de enchapados y terciados, etc.

Por su hermoso porte y abundante floración, es cultivada en Buenos Aires. Las flores se mantienen fugazmente sobre las ramas, tapizando luego con un manto amarillo los parques y aceras. Se cultiva además, entre otros países, en Brasil, Uruguay, Estados Unidos de América, Argelia y Egipto.

Posee una resina roja que es utilizada en medicina popular, de propiedades astringentes y usada en dolencias femeninas.

HOJAS: tardíamente caedizas, compuestas, imparipinnadas, subopuestas, opuestas o a veces alternas, con raquis de 10 a 20 cm de largo, con folíolos opuestos y alternos en la misma hoja, elípticos u oblongos, de 2 a 4,5 cm de largo por 0,7 a 2 cm de ancho.

FLORES: hermafroditas, largamente pediceladas, de cáliz pubérulo, turbinado-campanulado, de unos 7 mm de largo, pentalobulado; corola amariposada, glabra, amarillo-anaranjada con estrías rojizas o mora-

Detalle del follaje de la tipa blanca, donde se aprecian las flores amarillas y los folíolos redondeados.

das; estandarte erguido, reflejo y unguiculado; estambres 10, glabros; anteras blancas y dorsifijas; ovario súpero, ovoideo-oblongo, unilocular, pluriovulado.

FRUTOS: están provistos de un ala, es decir que es una sámara; de 5 a 7 cm de largo por 15 a 28 mm de ancho, glabras, sostenidas por un estípite de 1 cm de largo; la parte seminífera es oval (13 por 8 mm), dispuesta oblicuamente en la región basal de la sámara; ésta es leñosa, castaño-grisácea a la madurez, gruesa, recorrida por varios nervios más gruesos que los del ala; ésta es coriácea, con un borde casi recto y el otro muy convexo, surcada por finas estrías arqueadas. Semillas pequeñas, oblongas, en número de tres o cuatro, alojadas en compartimientos transversales.

CORTEZA: gruesa, pardo-grisácea oscura, resquebrajada longitudinalmente en fisuras paralelas y divididas luego en placas persistentes de 2 a 5 cm de largo por 2 a 3 cm de ancho. Al ser tajeado el tronco, exuda una resina roja que se solidifica en contacto con el aire, protegiendo la herida.

La corteza está fraccionada en placas persistentes.

URUNDEL
(Astronium urundeuva)

Astronium urundeuva (Fr. Allen.) Engl. (=*Myracrodruon urundeuva* Freire Allenao, *Astronium juglandifolius* Griseb.). Angiosperma dicotiledónea de la familia Anacardiáceas.
Otros nombres comunes: urunday del Noroeste, urinday-mí.

Arbol de gran desarrollo, inerme, de hasta 30 m de altura y 1 m de diámetro en el tronco, que es derecho y esbelto. Es la anacardiácea indígena de la Argentina de mayor desarrollo, siendo sólo superada en diámetro por el aguaribay.

El área de distribución del urundel es muy amplia, puesto que es propio de las selvas tropicales y subtropicales de Brasil, Bolivia, Paraguay y NO de la Argentina, donde ingresa siguiendo la formación de la yunga o selva tucumano-boliviana. Aquí ocupa únicamente las laderas húmedas que miran al este de las provincias de Salta y Jujuy, entre los 350 y los 800 m s.n.m., hallándose los mejores ejemplares en la región oranense. Precisamente, al sur de Orán y junto al río San Francisco, una localidad lleva el nombre de Urundel.

Su madera presenta el sámago de poco espesor (3 cm), de color amarillo-rosado, y un duramen de color castaño claro con tonalidades que varían desde el violado al rojizo, según el tiempo transcurrido desde su corta, con veteado poco demarcado o nulo, siendo los elementos constitutivos del leño, pequeños y dispuestos oblicuamente a la dirección del eje vertical del árbol. Sus anillos de crecimiento son poco demarcados. El contenido en tanino es importante (15%), algo inferior al del urunday (*Astronium balansae*), su pariente del Nordeste argentino.

El urundel tiene una madera muy pesada (peso específico: 1,150 kg/dm^3), dura con tendencia a muy dura, densa y compacta, con altos valores de resistencia a los esfuerzos mecánicos trabajando a la tracción, flexión o compresión. Estas cualidades, unidas a su excelente durabilidad natural, resistente a los agentes destructores al aire libre, tierra y agua, la indican como muy adecuada para construcciones en general, hidráulicas, dur-

mientes, alcantarillas, pisos de muelles, pilotes, armazones de puentes, postes de alambrados, tranqueras, umbrales, tablaestacadas, basamentos, fundaciones, etc., siempre en usos que requieren las excelentes cualidades de alta densidad, dureza, resistencia, estabilidad y durabilidad y que no tenga problemas por su tendencia a la aparición de grietas o rajaduras longitudinales, para lo cual exige un secado lento y suave.

Es apta para trabajos al torno, obteniéndose una superficie lisa y brillante.

HOJAS: caducas, compuestas, imparipinnadas, con cinco a siete pares de folíolos opuestos, sobre un raquis redondeado de 15 cm de largo. Los folíolos, pubescentes en ambas caras, son oblicuamente aovados, con borde entero o ligeramente crenado, base obtusa y ápice casi obtuso y mucronado, de 5 cm de largo por 3 cm de ancho. Las nervaduras son rojizas y prominentes en la cara inferior.

FLORES: unisexuales, pequeñas, sésiles, presentando la masculina pétalos del doble de longitud que los sépalos, mientras que las femeninas tienen pétalos breves. Ambas están reunidas en panojas de 15 a

Las hojas están compuestas por grandes folíolos.

20 cm de largo, ramosas desde la base.

FRUTOS: drupa semiglobosa de hasta 5 mm de diámetro, negruzca, unida por la base a los sépalos persistentes del cáliz, formando alas que facilitan su diseminación por el viento. La semilla es muy pequeña, esférica, de color castaño-amarillento.

CORTEZA: rugosa, gruesa, castaño oscura, ramas jóvenes ceniciento-pubescentes, siendo muy similar en aspecto a su pariente cercano, el urunday.

Durmientes para vías férreas.

VINAL
(Prosopis ruscifolia)

Prosopis ruscifolia Griseb. Angiosperma dicotiledónea de la familia Leguminosas (o Fabáceas), subfamilia Mimosoideas.
Otros nombres comunes: algarrobo blanco, algarrobo de hoja grande, algarrobo macho, ibopé-morotí, quillín o quilín, visnal.

Arbol pequeño y con espinas enormes, tiene una amplia gama de ecotipos, desde arbustos muy bajos hasta árboles dominantes de hasta 16 m de altura y diámetros en el tronco de 45 cm, siendo común 15 o 20 cm según la densidad de la masa boscosa, formando bosques puros (vinalares) que pueden llegar a tener más de 2.000 plantas por hectárea.

Al vinal se lo encuentra en la Argentina desde Jujuy, Salta y Formosa hasta el norte de Córdoba y noroeste de Santa Fe. También crece en el Paraguay, más allá del río Pilcomayo.

Florece de setiembre a noviembre y fructifica de noviembre a enero.

El vinal fue declarado plaga nacional por decreto 85.584/41, debido a su gran expansión, principalmente en la provincia de Formosa. Esta especie comenzó a colonizar pastizales naturales y ecosistemas abiertos creados por el hombre, a partir de fines de la década del '30. Se supone que la desaparición de dos pulsos naturales periódicos: el fuego y las inundaciones, junto con una gran presión de pastoreo del ganado doméstico, facilitaron la invasión explosiva de leñosas como el vinal, a los pastizales y otros ambientes. Por ello se necesita un adecuado manejo de los vinalares, a fin de evitar mayores perjuicios al ambiente regional.

Su madera es de color castaño rosado, con veteado interesante al cortarlo, textura mediana y heterogénea con grano oblicuo entrelazado. Su peso específico es de 0,800 kg/dm³. Sus características xilológicas lo asemejan a los algarrobos blanco y negro, como también sus usos, siempre que no se requieran grandes diámetros.

En la industria celulósica podría utilizarse como materia prima de fibra corta (0,8 a 0,9 mm) para fabricación de pastas de sulfato, con rendimientos y calidad relativamente bajos comparados con las pastas obtenidas con *Eucalyptus rostrata*.

Se utilizan las espinas en la confección de lapiceras, eliminando la punta aguda. La planta también posee un alcaloide, la vinalina, que le confiere propiedades antibióticas: la infusión de sus hojas se utilizan para tratar enfermedades oculares como conjuntivitis.

Los folíolos son los de mayor tamaño entre los Prosopis *de la Argentina.*

HOJAS: compuestas, uniyugas, con uno a cinco pares de folíolos lanceolados, subsésiles, de 4 a 10 cm de longitud por 1 a 4 cm de ancho (son los folíolos de mayor tamaño de los algarrobos de la Argentina).

FLORES: se presentan en racimos espiciformes cilíndricos, densifloros, de 5 a 8 cm de largo, de color blanco amarillento, péndulos, dispuestos en fascículos de dos a seis sobre los mismos braquiblastos que sostienen a las hojas. Las flores son pequeñas, hermafroditas, de color amarillo-verdosas, de 6 a 7 mm de largo, con cáliz campanulado, glabro, con tubo de alrededor de 1 mm de largo y cinco dientes muy pequeños. La corola es glabra por fuera con cinco pétalos libres, lanceolados, de unos 3,5 mm de largo por algo menos de 1 mm de ancho. Posee 10 estambres, apenas sobresalientes, de filamentos filiformes, libres, glabros, de 3,5 mm de largo. El ovario es súpero, oblongo-elipsoideo, muy pubescente, unilocular, pluriovulado, mide unos 2 mm de largo por 0,2 mm de diámetro; el estilo es filiforme de 3 a 4 mm de largo.

FRUTOS: legumbre indehiscente, alargada, moniliforme, chata, más o menos arqueada, apiculada en el ápice, subleñosa y de color amarillento con manchas violáceas, de 10 a 20 cm de largo por 6 a 10 mm de ancho, que aloja numerosas semillas (10 a 20 por vaina), chatas, lisas, de color castaño oscuro, subovideo-piriformes, de 6 mm de largo por 5 mm de ancho con tegumento muy duro. El ganado consume los frutos del vinal, pero no digiere las semillas, que son distribuidas así a grandes distancias por el transporte endozoico. Otras veces las dispersa el agua de las inundaciones.

CORTEZA: castaño-verdosa, con grandes espinas verdosas de hasta 31 cm de largo y 2 cm de ancho.

Las espinas pueden tener hasta 31 cm de largo.

YUCHÁN
(Chorisia insignis)

Chorisia insignis Kunth. Angiosperma dicotiledónea de la familia Bombacáceas.

Otros nombres comunes: algodón, painera, palo borracho amari-llo, palo borracho de flor amarilla, palo botella.

Es uno de los árboles indígenas más originales y decorativos de nuestra flora. Existen dos tipos muy diferentes entre sí: uno es el árbol corpulento de tronco relativamente corto y diámetro que alcanza los 2 m, de forma de botella, de esfera y aun con mayor diámetro que altura, característico de los valles áridos del Noroeste argentino. El otro es un árbol elevado, de tronco esbelto, que crece en el interior de bosques y selvas húmedas, donde alcanza 20 m de altura.

Tiene una vasta distribución en América del Sur: desde Perú al Noroeste argentino —provincias de Salta, Jujuy, Catamarca y Santiago del Estero; como también en las de Chaco y Formosa—. En la región de las yungas es frecuente en el nivel inferior de la selva y en la zona de transición con el parque chaqueño.

El follaje se mantiene largo tiempo sobre la planta, en ocasiones hasta la aparición de las nuevas hojas, de un bonito verde que tira al dorado.

La floración, abundante, tiene

Las hojas del yuchán tienen cinco anchos folíolos.

lugar de enero a julio, existiendo ejemplares precoces y tardíos. Fructifica desde mayo, madurando en primavera y verano.

Proporciona madera muy liviana (peso específico: 0,220 kg/dm^3), blanda, pardo clara, con usos locales: barriles y canoas monoxilas, etc.

La corteza, cortada en tiras, sirve para liar los atados de hojas de tabaco. También la fibra sedosa (paina) que posee el fruto, es apropiada para el relleno de colchones y para la confección de chalecos y salvavidas. Las flores son utilizadas en medicina popular para curar jaquecas.

HOJAS: alternas, caedizas, palmaticompuestas, de pecíolo verde amarillento de 5 a 12 cm de largo, por lo general de cinco folíolos (más raramente de tres o siete), glabros, oblongos u obovado-oblongos de 4 a 10 cm de largo por 2 a 4 cm de ancho, ápice acuminado, base algo atenuada y margen aserrado. Peciólulos de 5 a 20 mm de largo, glabros.

FLORES: hermafroditas, solitarias, grandes (10 a 12 cm de largo), cáliz tubuloso-acampanado, verde-amarillento, glabro por fuera. La corola es color blanco cremosa, estriada de púrpura o castaño. Posee cinco pétalos oblongos o espatulados, de 10 a 12 cm de largo por 2 a 3 cm de ancho. Los cinco estambres con los filamentos unidos son de 5 a 8 cm de largo, con estaminodios en la base. El ovario es súpero, multiovulado, con estilo delgado, de unos 6 mm de alto por 4 mm de diámetro que sobrepasa las anteras. Estigma capitado, pentalobulado y purpúreo.

FRUTOS: cápsula oblonga grande (10 a 20 cm de largo por 5 a 7 cm de diámetro), verde hasta casi el momento de la madurez, cuando se abre por cinco valvas dejando ver la albura de la paina que envuelve a las semillas (sucedánea del kapok). Estas son numerosas, oscuras, casi esféricas, algo comprimidas lateralmente, de unos 8 mm de diámetro; contienen aceite.

CORTEZA: gris verdosa, provista de gruesos aguijones cónicos, de hasta 8 cm de largo por 6 cm de diámetro.

Frutos en diferentes estados de desarrollo; alcanzan 20 cm de largo.

Las flores son grandes y muy decorativas.

Zapallo caspi
(Pisonia zapallo)

Pisonia zapallo Griseb. Angiosperma dicotiledónea de la familia Nictagináceas.

Otros nombres comunes: palo de zapallo, ombú-rá, palo bobo, palo corcho, Francisco Álvarez, caspi zapallo.

Arbol de 7 a 15 m de altura y con un tronco de hasta 60 cm de diámetro.

En la Argentina se lo encuentra en las yungas o selvas tucumano-bolivianas entre los 350 y 1.100 m s.n.m., prácticamente en el piso de baja y media montaña, extendiéndose por el norte a través del Chaco hasta la Mesopotamia. Se lo ha citado para las provincias de Salta, Jujuy, Formosa, Chaco, Corrientes y Misiones.

El duramen posee prácticamente el mismo color blanco-amarillento de la corteza. La madera de esta especie tiene un veteado pronunciado provocado por la presencia de numerosos canales que corresponden a abundantes porciones de líber incluido en el leño, con estructura estable por acción de su tejido fibroso con paredes gruesas. Es de textura gruesa y homogénea, con grano derecho o ligeramente oblicuo. Es madera liviana (peso específico: 0,420 kg/dm^3), difícil de aserrar, principalmente cuando está seca, debido a la presencia de sílice en su estructura leñosa. Es de fácil y rápido secado; acepta normas de secado acelerado, manteniendo buena estabilidad en el estacionamiento con baja contracción volumétrica (10,7%), debiendo realizarse los tratamientos de preservación con antimohos para evitar el manchado de la madera. Sus propiedades de resistencia a la flexión y a la compresión son bajas, no siendo apta para utilizar en estructuras. Su durabilidad a la intemperie o en contac-

Las hojas son simples, grandes y de forma elíptica.

to con la humedad o tierra es muy pobre, debiendo realizar tratamientos previos con líquidos impregnantes. Se utiliza en trabajos que no exigen buena terminación, como en cajonería, esqueletos, entablonados, talabartería o en los que es ventajosa su aspereza debido a la estructura esponjosa (encofrado), siendo difícil aplicar lustres o

barnices sin previo tratamiento para tapar la porosidad.

La corteza, la raíz y las hojas son utilizadas en medicina popular.

HOJAS: simples, opuestas, de forma elíptica y margen entero. Llegan a tener hasta 15 cm de largo por 8 cm de ancho, con un largo pecíolo y pubescentes en su cara inferior.

FLORES: unisexuales, las masculinas agrupadas en glomérulos verdosos y las femeninas en panículas. Ambas son similares, con perianto en forma de tubo acampanado; en la masculina más ensanchado y con seis a nueve estambres sobresalientes.

FRUTOS: fruto seco indehiscente (aquenio), tubuloso, de hasta 20 mm de largo, claviforme, surcado longitudinalmente por 10 filas, con glándulas en su mitad superior.

CORTEZA: ligeramente rugosa y de color gris, con lenticelas.

La madera del zapallo caspi es utilizada para armar entablonados.

GLOSARIO

Abarquillado: es un alabeo o deformación en las tablas o tablones; por mal proceso de secado se curvan longitudinalmente, quedando ligeramente acanaladas.

Acumen: pequeña punta.

Acuminado: provisto de acumen.

Afilo: desprovisto de hojas.

Aguijón: punta dura y punzante originada en la corteza (rosal).

Aladas: son las semillas que presentan parte de su tegumento extendido, formando una o varias alas que favorecen la diseminación eólica.

Albura: parte externa del leño, por lo general más clara y blanda que el duramen.

Alógama o cruzada: es la fecundación mediante el pasaje del polen de una flor al estigma de otra flor.

Alternos: órganos que nacen de a uno en cada nudo del tallo.

Amentiforme: con aspecto de amento.

Amento: inflorescencia en espiga, por lo general péndula, con flores unisexuales.

Angiosperma: uno de los dos subramos de las Fanerógamas, que se caracteriza por la gran perfección de sus órganos reproductores, abarcando las clases monocotiledóneas y dicotiledóneas.

Anillos de crecimiento: es la sección transversal de la capa de madera, formada durante un período de crecimiento, caracterizada por la distinta densidad, con células y vasos más grandes en primavera (leño temprano), y más compacto formado por células más pequeñas (leño tardío), producido al final del período, en otoño. Los anillos son anuales, pudiendo existir falsos anillos por interrupciones en el crecimiento producidas por adversidades climáticas.

Antera: parte del estambre que contiene el polen.

Aovado: que tiene la forma de huevo.

Apanojado: en forma de panícula.

Apétala: flor carente de pétalos.

Apical: referente al ápice.

Apice: extremo superior de un órgano; extremo distal.

Apiculado: terminado en puntita no espinosa.

Aquenio: fruto seco, indehiscente y monospermo, cuyo pericarpio no está adherido a la semilla.

Aquillado: de forma de quilla.

Armado: provisto de espinas o aguijones. Lo contrario de inerme.

Aserrada: hoja con el margen provisto de dientes como de sierra.

Axila: ángulo que forma una rama, el pecíolo de la hoja, etc. con el vástago que la lleva.

Axilar: relativo a la axila.

Baya: fruto carnoso, con numerosas semillas (tomate, tuna, etc.).

Bandas estomáticas: franjas con numerosos estomas.

Bífido: órgano dividido longitudinalmente en dos partes estrechas.

Bifloro: que lleva dos flores.

Bilobado: que posee dos lobos.

Bilobulado: con dos lóbulos.

Biteca: antera con dos tecas.

Bipinnada: hojas dos veces compuestas.

Bosques heterogéneos: formados por varias especies, también llamados bosques mixtos.

Bráctea: hoja transformada que se encuentra próxima a una flor.

Bracteola: bráctea pequeña que se halla sobre los ejes secundarios de las inflorescencias.

Brillo: son reflejos luminosos de distinta intensidad y tonalidad, que se observan principalmente en el corte longitudinal.

Cabezuela: inflorescencia pequeña, más o menos esférica, con numerosas florecillas sésiles agrupadas sobre un corto eje. Capítulo.

Caedizo: órgano que se desprende del vástago con facilidad, por ejemplo las hojas al llegar el momento de reposo. Caduco.

Calículo: conjunto de hojas modificadas que constituyen un segundo cáliz exterior al verdadero.

Cáliz: primera envoltura floral, constituida por sépalos, verdes por lo general.

Campanulado: cáliz o corola con sus piezas soldadas, cuya forma recuerda la de una campana.

Cápsula: fruto seco, dehiscente, provisto de numerosas semillas.

Capsular: de forma de cápsula. Lo relativo a ésta.

Carpelo: cada una de las hojas ovulíferas que componen el gineceo.

Ciliado: provisto de cilias, o sea provisto de pelos o prolongaciones muy finas en el borde de un ángulo.

Cima: inflorescencia definida en la cual cada eje termina en una flor.

Clorofila: el pigmento verde de los vegetales esencial para la vida y la producción de alimentos.

Codominante: especies que aunque forman parte del estrato arbóreo superior, sus copas son dominadas por otras especies generalmente más heliófilas.

Colapso: defecto originado en el secado muy rápido de la madera, presentándose corrugada y agrietada.

Color: es dado por la existencia de materias colorantes (resinas, gomorresinas, taninos, gomas, etc.) en el interior de las células; generalmente es más oscuro el duramen que la albura y también son más oscuras las maderas duras que las maderas blandas; una vez cortadas las maderas verdes, pueden sufrir oxidaciones oscureciendo progresivamente su color.

Cono: inflorescencia en la cual los óvulos o frutos unisaneminados se encuentran en la axila de brácteas herbáceas o leñosas (pino, cedro, etc.). Aspecto de piña. Estróbilo.

Contracción volumétrica: es la variación de volumen que sufre la madera al disminuir el contenido de humedad. Se mide en sentido radial, tangencial y axial, de estado verde a 15% de humedad (secado al aire), y se expresa en porcentaje.

Corazón: sinónimo de duramen.

Cordado: de forma de corazón. Cordiforme.

Coriáceo: de consistencia semejante a la del cuero.

Corimbo: inflorescencia racimosa en la cual los pedúnculos florales, naciendo a distintos niveles y teniendo distinta longitud, llegan todos a la misma altura (cerezo, peral, etc.).

Corola: la segunda envoltura floral, formada por los pétalos, coloreados por lo general.

Corolino: relativo a la corola.

Corteza: es la capa de tejidos que se encuentra afuera de la zona generatriz o cambium y envuelve —protegiendo totalmente— al árbol.

Corte radial: es el corte longitudinal paralelo a los radios leñosos.

Corte tangencial: es el corte longitudinal tangente a los anillos de crecimiento.

Cotiledón: es la hoja que se forma en el embrión, dentro de la semilla al germinar.

Cuneado: en forma de cuña.

Cuneiforme: órgano con forma de cuña, estrecho en la base y ancho en el ápice.

Decurrente: que se prolonga por debajo del punto de inserción.

Dehiscente: órgano que se abre espontáneamente a la madurez (antera, fruto, etc.).

Deltoide: en forma de triángulo, más o menos equilátero.

Dentado: con el margen provisto de dientes.

Dialipétala: la corola de pétalos libres entre sí.

Dialisépalo: el cáliz con sépalos libres.

Diclina: flor unisexual. Cuando las flores masculinas y las femeninas aparecen sobre un mismo pie son **diclinas monoicas** (ricino); cuando lo hacen en pies diferentes son **diclino dioicas** (ombú).

Dicotómico: tipo de ramificación que a partir de un punto, origina dos ramas equivalentes.

Digitada: ver Digitifoliada.

Digitifoliada: hoja compuesta cuyos folíolos están dispuestos como los dedos de la mano. Digitada.

Dimorfa: órgano que exhibe dos formas distintas sobre el mismo individuo.

Dioica: planta de flores unisexuales que lleva las masculinas y las femeninas en pies distintos (ombú, pehuén). Ver Diclina.

Disco: dilatación carnosa del receptáculo que suele llevar los estambres y el pistilo. Organo circular que lleva los nectarios.

Distal: la parte de un órgano más alejada de su base u origen.

Drupa: fruto carnoso, por lo general monospermo (durazno).

Drupáceo: relativo al fruto semiseco, semicarnoso, con una o varias semillas o carozo.

Duramen: parte interna del leño, generalmente más oscura y dura que la albura.

Dureza: es determinada por distintos métodos que en síntesis consisten en estampar o hacer penetrar en el leño una esferita de acero (1 a 3 mm), sometida a cargas progresivas. Los ensayos se hacen en sus distintas caras (radial, tangencial y transversal). Se obtiene una escala de valores progresiva que permite clasificar las maderas en blandas, semiduras y duras.

Elíptico: de forma de elipse.

Emarginado: ligeramente escotado en el ápice.

Endocarpo: capa interna del pericarpio correspondiente a la epidermis interna de la hoja carpelar: endocarpio.

Entera: la hoja cuyo margen carece de entrantes y salientes.

Envés: cara inferior de la lámina foliar.

Epífita: planta que vive sobre otra sin parasitarla (guembé, orquídeas).

Espatulado: de forma de espátula.

Especie: es la sudividisión sistemática de un género, que abarca un conjunto de individuos que se parecen entre sí. En los nombres técnicos de los árboles, se cita siempre primero el nombre del género y en segundo término la especie.

Espiga: inflorescencia racimosa en la cual las flores están sentadas sobre el raquis (llantén, gladiolo, etc.).

Espiciforme: de forma de espiga.

Espina: órgano punzante de origen interno, no epidérmico como el aguijón.

Espinescente: que se torna espinoso.

Espiniforme: con aspecto de espina.

Estambre: órgano masculino de la flor. Su parte fundamental es la antera.

Estaminodio: estambre rudimentario, estéril, por lo general más pequeño que los normales.

Estandarte: en las leguminosas papilionoideas, el pétalo mayor y erguido opuesto a la quilla (seibo).

Estigma: extremidad engrosada del pistilo, receptora del polen.

Estilo: parte del pistilo, prolongación angostada del ovario, que remata en uno o varios estigmas.

Estípite: tallo cilíndrico, por lo general no ramificado, que remata en un penacho de hojas (palmeras).

Estípula: apéndice foliáceo poco desarrollado que aparece en la base del pecíolo.

Estróbilo: piña o cono, tipo de inflorescencia femenina de pinos, araucarias, etc.

Exerto: sobresaliente, saliente.

Falcado: de forma de hoz (hoja de *Eucalyptus globulus*). Falciforme.

Falciforme: con forma de hoz.

Falso duramen: zona visible en la parte central del tronco por su coloración más oscura, y de forma irregular, sin relación con el verdadero duramen.

Fasciculados: órganos dispuestos en hacecillo o fascículo.

Fastigiada: forma de copa, con ramas finas, insertas en ángulos agudos, que la hacen estrecha, tipo piramidal.

Ferrugíneo: de color de herrumbre.

Fibras: células delgadas, alargadas, con espesor de pared y longitud variables, que dan resistencia y solidez a la madera, y que tienen gran valor para la industria celulósica, especialmente las fibras largas (más de 1.600 micrones).

Fibro traqueida: células intermedias entre las fibras y las traqueidas, formando un tejido de sostén del leño.

Filamento: parte del estambre por lo general filamentosa, que sostiene la antera.

Filiforme: con forma de filamento, de hilo.

Fimbriado: borde dividido en flecos.

Fistuloso: órgano cilíndrico y hueco (tallo de zapallo, de ambay).

Flexuoso: que cambia de dirección alternativamente a uno y otro lado, en zigzag (ramilla del tala, etc.)

Folículo: fruto seco, dehiscente, que se abre por la sutura carpelar.

Folíolo: cada una de las hojuelas que forman una hoja compuesta (trébol).

Foliolulo: cada una de las pequeñas partes en que se divide un folíolo de una hoja compuesta (acacia).

Forma forestal: la de los troncos rectos, largos, sin ramas,

115

que nos proporcionan la mejor madera para obtener tablas de primera calidad.

Fruto: es el conjunto de piezas florales, que subsisten luego de la fecundación, encerrando una o más semillas hasta la madurez.

Fungicidas: productos químicos que impiden el ataque de hongos.

Fusiforme: que tiene la forma de un huso.

Fuste: tronco, generalmente entre la base y la primera bifurcación.

Gamocarpelar: ovario con los carpelos soldados entre sí.

Gamopétala: corola cuyos pétalos están soldados.

Gamosépalo: cáliz con los sépalos unidos.

Geminados: órganos que nacen de a dos. Apareados.

Gineceo: el conjunto de órganos femeninos de la flor (ovario, estilo y estigma).

Glabro: carente de pelos, lampiño.

Glanduloso: provisto de glándulas.

Glauco: de color verde azulado claro (hojas de palán-palán).

Globoso: cuerpo cuya forma se aproxima a una esfera.

Glomérulo: órganos agrupados en el extremo de un eje. Cima con flores brevemente pediceladas y aglomeradas sobre cortos ejes (ortiga).

Grano: es el aspecto distinto que se observa según la dirección o alineamiento que conservan los elementos que constituyen la madera con respecto al eje vertical del árbol. Puede ser "derecho", "oblicuo", cuando se desvía ligeramente formando ángulos agudos; "entrecruzado" o "entrelazado", igual al anterior pero en forma alternada; "crespo", cuando la dirección es sinuosa.

Heliófilas: especies ávidas de luz.

Hermafroditas: flores provistas de androceo (órganos masculinos) y gineceo (órganos femeninos), completos y fértiles.

Híbridos naturales: productos del cruzamiento sexual espontáneo de especies y variedades. Cuando el cruzamiento es controlado por el hombre se obtienen los híbridos llamados "artificiales".

Higrófilo: vegetal propio de los ambientes muy húmedos.

Hojas compuestas: formadas por varias láminas o folíolos independientes.

Hojas perennes: también llamadas persistentes, que no caen anualmente antes del invierno, sino que lo hacen paulatinamente o duran toda la vida del árbol.

Hojas simples: formadas por una sola lámina.

Imbricado: dispuesto como las tejas de un techo.

Imparipinnada: hoja compuesta o bicompuesta cuya extremidad termina en un solo folíolo o en una sola pina.

Impregnación: técnica de introducir en las maderas blandas substancias antisépticas tóxicas o repelentes contra agentes destructores, destacándose la creosota y el pentaclorofenol entre los oleosos y numerosas formulaciones de sales hidrosolubles, arsenicales, cúpricas, cínquicas, bóricas, etc.

Indehiscente: órgano que no se abre naturalmente, especialmente los frutos.

Inerme: sin espinas ni aguijones.

Inflorescencia: conjunto de flores cuyos pedicelos parten de un mismo eje, como un racimo, una espiga o un corimbo.

Infero: ovario situado por debajo de los otros verticilos florales.

Infrutescencia: conjunto de frutos que reemplazan a las flores de una inflorescencia.

Jaspeado: es uno de los veteados de gran valor ornamental que se obtiene en los cortes radiales, especialmente en maderas con radios leñosos altos y anchos.

Laciniado: órgano dividido en varias porciones delgadas y largas.

Lámina: la parte más amplia y generalmente aplanada de las hojas, sépalos, pétalos, etc. Limbo.

Lanceolada: en forma de hierro de lanza.

Latescente: que contiene látex, un jugo lechoso.

Látex: jugo que fluye de ciertos vegetales (euforbiáceas, apocináceas, etc.), por lo general lechoso y más o menos viscoso.

Laticífero: que contiene látex.

Lenticela: pequeña protuberancia circular o lineal presente en la superficie de algunos tallos y ramas que permite el intercambio gaseoso entre la planta y la atmósfera.

Legumbre: fruto seco, típico de la familia Leguminosas (o Fabáceas).

Limbo: ver Lámina.

Lineal: dícese del órgano (hoja, pétalos, etc.) estrecho y relativamente largo. Linear.

Lobado: que presenta lobos.

Lobo: parte más o menos redondeada de una hoja.

Lobulado: que presenta lóbulos.

Lóbulo: porción dilatada de un órgano (hoja, etc.). Lobo pequeño.

Locular: que tiene lóculos. Por lo general se antepone un número que señala el de las cavidades existentes: 5-locular, 10-locular, etc.

Lóculo: cada una de las divisiones del ovario o de las cavidades de un fruto.

Madera compensada: es el tablero obtenido por superposición cruzada de chapas y encoladas perfectamente entre sí.

Madera enchapada: llamadas también "placas"; el alma (parte interna) puede estar constituida por listones, bloques, tarugos, viruta, madera compensada, etc., sobre los cuales se pegan las chapas externas.

Madera laminada: es la transformación del tronco en chapas de poco espesor, mediante distintos sistemas: el rotativo, mediante tornos desbobinadores y el corte plano, a sierra o cuchillas.

Madera terciada: es el tipo más simple de madera compensada.

Monoica: planta de flores unisexuales reunidas en un mismo pie. Diclina monoica.

Monosperma: que encierra una sola semilla; lo contrario de polisperma.

Monte blanco: se denomina así a las formaciones boscosas de los albardones de las islas del Delta del Paraná, integradas por las especies del bosque en galería o ribereño.

m s.n.m.: metros sobre el nivel del mar.

Mucrón: pequeña punta en el ápice de un órgano.

Mucronado: provisto de mucrón.

Multiyugada: hoja provista de muchas yugas.

Nectario: órgano productor de néctar, situado generalmente en las flores; también existen nectarios extraflorales.

Nervadura: es la continuación del pecíolo en la lámina de la hoja, pudiendo existir una principal y varias ramificaciones secundarias.

Oblanceolada: lanceolada con la parte más ancha hacia arriba.

Oblongo: órgano más largo que ancho; hoja con los bordes paralelos y obtusa en ambos extremos.

Obovado: en forma de óvalo, pero con el diámetro mayor más próximo al ápice que a la base.

Obtuso: con la parte terminal redondeada.

Ocráceo: de color amarillento rojizo claro.

Olor: característico de cada madera debido a la presencia de sustancias resinosas o aceites esenciales.

Opuesto: órgano que nace frente a otro en un mismo plano.

Orbicular: de forma circular.

Ovalado: de forma de óvalo.

Ovario: parte engrosada del pistilo que encierra uno o más óvulos.

Ovoideo: órgano macizo en forma de huevo.

Ovulo: los rudimentos de las futuras semillas, formados en el ovario.

Paina: pelos sedosos que envuelven las semillas del samohú, el yuchán y otras bombacáceas. Es de uso industrial.

Panícula: inflorescencia con un eje central donde los secundarios son mayores en la base de ella y gradualmente menores a medida que se acercan al ápice. Racimo de racimos.

Paniculado: de forma de panícula.

Panoja: inflorescencia racimosa compuesta.

Palmaticompuesta: aplícase a la hoja compuesta cuando sus folíolos nacen todos del ápice del pecíolo común.

Papilionoideas: subfamilia de las Leguminosas que posee la corola amariposada, como en la tipa o el seibo.

Papiráceo: que posee la consistencia del papel.

Paripinnada: hoja compuesta con las pinas dispuestas por pares.

Pastas celulósicas: o pastas de madera, son las que se obtienen de la madera por procesos químicos, semiquímicos o mecánicos, con destino a la fabricación de papeles y cartones.

Pecíolo: elemento de inserción de la hoja a la rama o al tallo y por el cual pasan los vasos que llevan agua y substancias minerales hacia arriba para la síntesis clorofiliana y tubos cribosos que llevan hacia abajo la savia elaborada.

Peciolulo: pie que sostiene la flor o la inflorescencia.

Pedúnculo: es el órgano que soporta a la flor.

Peltada: hoja cuyo pecíolo se inserta en la parte central de la lámina.

Pentámera: 5-mera. La flor que posee cinco sépalos, cinco pétalos, cinco estambres, etc.

Perianto: conjunto de envolturas florales que protegen los órganos reproductores. Puede estar compuesto por el cáliz y la corola o por uno solo de ellos.

Pericarpio: parte fundamental del fruto que rodea las semillas. Pericarpo.

Perigonio: perianto formado por piezas no diferenciadas en cáliz y corola. Ver Tépalo.

Perisperma: tejido de reserva de ciertas semillas.

Pétalo: cada una de las piezas, por lo general coloreadas, que forman la corola.

Peso específico o densidad: representa la relación entre el peso de 1 m³ o 1 dm³ de una madera y el peso de igual volumen de agua a 4° C. En todos los casos hemos expresado el peso específico aparente (madera tal cual seca al aire).

Pina: cada uno de los folíolos de una hoja pinnada.

Pinnada: la hoja compuesta en la que los folíolos se insertan a ambos lados del raquis.

Pinaticompuesta: hoja compuesta por un eje central del que se desprenden lacinias hacia ambos lados, como en la palmera pindó.

Pínula: folíolo de una hoja bipinati o tripinaticompuesta.

Piriforme: de forma de pera.

Pistilo: órgano femenino de la flor, formado por el ovario, el estilo y el estigma. Ver Gineceo.

Polen: los pequeños granos, generalmente esféricos, blancos, amarillos o de diferentes colores, originados en las anteras y que provocan la fecundación del óvulo.

Poligamia: planta que posee a la vez flores unisexuales y hermafroditas.

Polimorfo: que presenta diversas formas.

Polinización anemófila: es el pasaje de los granos de polen de una flor a otra por acción del viento.

Protogina: flores que maduran y abren los estigmas antes que los órganos masculinos.

Pubescente: que presenta pelos pequeños, finos y suaves.

Quilla: órgano formado por dos pétalos alargados en el ápice que cubre estambres y pistilo en la flor de las leguminosas papilionoideas (poroto, seibo).

Racimo: inflorescencia compuesta de un eje primario en la que los secundarios, que sostienen una flor, son gradualmente menores a medida que se acercan a la extremidad.

Radios leñosos: tejido formado por células dispuestas horizontalmente al eje del árbol, cuya función es la distribución de las substancias de la periferia al centro.

Raquis: nervadura principal. En las hojas compuestas, parte que lleva los folíolos o pinas y que se inicia en la terminación del pecíolo.

Raíz gemífera: que está provista de yemas y da lugar a la formación de tallos secundarios, como en el chañar, etc.

Receptáculo: porción ensanchada del eje floral donde se insertan flores u órganos florales.

Resinas: son productos de defensa del vegetal, producidos por tejidos secretores en forma normal o provocada por traumatismos.

Resistencia a la compresión: es la que ofrece la madera cuando se somete a dos fuerzas opuestas que tienden a producir un acortamiento. Los ensayos se hacen sobre probetas prismáticas y en ambos sentidos (paralelo y perpendicular a los haces fibrosos).

Resistencia a la flexión: es la que ofrece una madera cuando es sometida a una carga creciente, aplicada en puntos intermedios, estando apoyada únicamente en sus extremos. Se diferencia en estática o por choque, estando nuestras citas referidas a la primera.

Resistencia a la tracción: es la que ofrece la madera cuando se somete a fuerzas de sentido contrario que tienden a producir alargamiento de las fibras (tracción longitudinal) o a separarlas (tracción perpendicular al grano).

Ritidomis o ritidoma: elemento de protección del tronco, formado por tejido suberoso o muerto que queda adherido o agrietado en la parte externa de la corteza.

Rizoma: tallo subterráneo alargado, provisto de escamas y del que salen vástagos foliados y floríferos (tacuara).

Sámara: fruto seco, indehiscente y alado (tipa).

Samaroide: aquenio o drupa provistos de una pequeña ala que les da apariencia de sámara.

Sámago: sinónimo de albura; parte más joven y blanda de las maderas.

Seminífero: que lleva semillas.

Sépalo: cada una de las piezas, generalmente verdes, que componen el cáliz.

Sepaloideo: con aspecto de sépalo.

Seríceo: con pelos muy cortos, sedosos y tendidos sobre la superficie, presentando aspecto sedoso.

Sésil: sentado, sin pie.

Seudofruto: queremos distinguir con este término las estructuras reproductivas de las gimnospermas que contienen a las semillas.

Sícono: inflorescencia o infrutescencia semejantes a un higo.

Sincarpo: ovario formado por carpelos soldados o infrutescencia constituida por ovarios soldados (ananás).

Sombrivago: especie vegetal que prefiere la sombra para su mejor desarrollo.

Sub-: prefijo que significa casi, p. ej. subgloboso: casi globoso.

Súber: corcho.

117

Suberoso: corchoso, con la consistencia del corcho.

Subcoriáceo: casi coriáceo, que no llega a tener la consistencia del cuero.

Subgloboso: casi esférico.

Súpero: que se inserta por encima de otro órgano (ovario súpero).

Tanino: substancia compleja, astringente, contenida en ciertos vegetales, sobre todo en la madera o en la corteza.

Tegumento: en general, todo órgano o parte orgánica que envuelve a otro y le presta protección, especialmente al óvulo y la semilla.

Tépalo: pieza del perigonio (no diferenciado en sépalos y pétalos).

Ternado: dispuesto de a tres.

Tetrágono: con cuatro caras o ángulos.

Textura: es dada por el tamaño de los elementos constitutivos de la madera, pudiendo ser fina o gruesa y homogénea o heterogénea.

Tomento: Conjunto de pelos cortos, blandos y finos que cubren totalmente la superficie de una hoja, tallo, etc.

Tomentoso: provisto de tomento.

Toruloso: de forma alargada, con estrangulaciones sucesivas.

Traqueidas: células tubulares alargadas, que encontramos principalmente en las coníferas; cumplen doble función: de conducción de aguas y sales y de sostén.

Trinervada: hoja con tres nervios principales, de los cuales los dos laterales nacen del central, en la base o casi en la base de la lámina.

Umbela: inflorescencia compuesta de un eje primario y de cuya extremidad parten ejes secundarios que terminan en superficie ligeramente cóncava o convexa (con forma de sombrilla).

Unilocular: que posee un solo lóculo.

Unisexual o **unisexuada:** flor que sólo posee órganos masculinos o femeninos.

Vaina: parte basal de la hoja que abraza el tallo. Fruto de las leguminosas.

Valva: cada una de las partes que se originan como resultado de la dehiscencia de algunos frutos secos y en algunas anteras.

Velloso: provisto de vello, pelos suaves y abundantes.

Verticilados: órganos que en número mayor de dos salen de un mismo nudo siguiendo distintos radios.

Verticilos trímeros: tres hojas insertas en cada nudo.

Veteado o dibujo decorativo: se observa en los cortes longitudinales, originado por las distintas disposiciones de los elementos constitutivos, o por deposiciones irregulares de substancias xilocromas.

Xerófilo: vegetal que prefiere los lugares secos. Lo contrario de higrófilo.

Xilófagos: insectos, por lo general coleópteros tipo "taladro", que atacan generalmente especies con abundantes hidratos de carbono en su leño.

Xilológicas: se refiere al estudio de los caracteres estructurales, estéticos, físico-mecánicos y químicos de la madera junto con sus anomalías.

Yemas: son los elementos vegetativos encargados del crecimiento y ramificación de tallos y de la producción de flores y hojas.

Yugada: que forma yugas.

Yuga: en las hojas compuestas, la que está compuesta por cada par de pinas opuestas.

BIBLIOGRAFÍA

Biloni, J. S. 1990. *Arboles autóctonos argentinos.* Tipográfica Editora Argentina, Buenos Aires, 335 pp.

Boelcke, O. 1992. *Plantas vasculares de la Argentina. Nativas y exóticas.* Editorial Hemisferio Sur, Buenos Aires, 334 pp.

Bravo, D.A. 1985. *Diccionario quichua santiagueño-castellano.* Ed. Kelka, Santiago del Estero.

Brion, C., J. Puntieri, D. Grigera y S. Calvelo. 1988. *Flora de Puerto Blest y sus alrededores.* Centro Regional Universitario Bariloche, Univ. Nac. del Comahue, 201 pp.

Cabrera, A. L. 1994. *Regiones fitogeográficas argentinas. Enciclopedia argentina de agricultura y jardinería,* 2a edic. (reimpresión), tomo 2 (fasc. 1). Edit. ACME S.A.C.I., Buenos Aires, 85 pp.

Castiglioni, J. A. 1979. *Descripción botánica, forestal y tecnológica de las principales especies indígenas de la Argentina.* En D. Cozzo, *Arboles forestales, maderas y silvicultura de la Argentina, Enciclopedia argentina de agricultura y jardinería,* 2a edic., tomo 2 (fasc. 16-1): 38-60. Edit. ACME S.A.C.I., Buenos Aires, 156 pp.

Cialdella, A. M. 1984. *El género Acacia (Leguminosae) en la Argentina. Darwiniana* 25 (1-4): 59-111.

Digilio, A. P. L. & P. R. Legname. 1966. *Los árboles indígenas de la provincia de Tucumán. Opera Lilloana* 15.

Dimitri, M. J. 1974. *Pequeña flora ilustrada de los parques nacionales andinopatagónicos. Anales de Parques Nacionales* 13: 1-122.

Dimitri, M. J. 1987. *Enciclopedia argentina de agricultura y jardinería.* Ed. ACME SACI, 2 tomos. Buenos Aires.

Donoso Zegers, C. 1994. *Bosques templados de Chile y Argentina. Variación, estructura y dinámica. Ecología forestal.* Edit. Universitaria, Santiago de Chile, 483 pp.

González Torres, D. M. s/f. *Catálogo de plantas medicinales (y alimenticias y útiles) usadas en Paraguay.* Asunción, 456 pp.

Hoffman J., A. 1989. *Flora silvestre de Chile. Zona central.* Edic. Fundación Claudio Gay, 2a edic., Santiago de Chile, 255 pp.

Jozami, J. M. & Muñoz, J. de Dios 1982. *Arboles y arbustos indígenas de la Prov. de Entre Ríos.* IP-NAYS (CONICET-UNL), 421 pp.

Kiesling, R. (dir.). 1994. *Flora de San Juan, República Argentina.* Volumen 1. Vázquez Mazzini Editores, Buenos Aires, 348 pp.

Lahitte, H. B. y J. A. Hurrell. 1994. *Los árboles de la Isla Martín García. Programa Estructura y Diná-mica y Ecología del No Equilibrio,* Comisión de Investigaciones Científicas (Prov. Buenos Aires), 135 pp.

Legname, P. R. 1982. *Arboles indígenas del Noroeste argentino (Salta, Jujuy, Tucumán, Santiago del Estero y Catamarca). Opera Lilloana* 34: 5-226.

López, J. 1979. *Arboles de la región oriental del Paraguay.* Asunción, 277 pp.

Martínez Crovetto, R. 1981. *Las plantas utilizadas en medicina popular en el Noroeste de Corrientes (República Argentina).* Minist. de Cultura y Educación y Fund. Miguel Lillo, Miscelánea N° 69. Tucumán, 139 pp.

Ragonese, A. E. y V. A. Milano. 1984. *Vegetales y substancias tóxicas de la flora argentina. Enciclopedia argentina de agricultura y jardinería,* 2a edic., tomo 2 (fasc. 8-2). Edit. ACME S.A.C.I., Buenos Aires, 413 pp.

Roig, F.A. 1993a. *Aportes a la etnobotánica del género* Prosopis. En: *Conservación y mejoramiento de especies del género* Prosopis. CRICYT, IADIZA, CIID.

Roig, F.A. 1993b. *Informe Nacional para la selección de germoplasma en especies de* Prosopis *de la República Argentina.* En: *Conservación y mejoramiento de especies del género* Prosopis. CRICYT, IADIZA, CIID.

Roig Juñent, F. A. 1991. *Dendrocronología y dendroclimatología del bosque de* Pilgerodendron uviferum *en su área norte de dispersión. Bol. Soc. Argent. Bot.* 27 (2-3): 217-234.

Ruiz Leal, A. 1972. *Flora popular mendocina. Deserta* 3: 7-295.

Schulz, A. G. 1976. *Nombres comunes de las plantas.* Colonia Benítez (Chaco), 234 pp.

Spichiger, R.; E. O. Torres & L. Stutz de Ortega. 1989. *Noventa especies forestales del Paraguay. Fl. Paraguay,* ser. esp. 3: 1-215. Jard. Bot. Genéve et Missouri Bot. Gard.

Stramigioli, C. 1991. *Teñido con colorantes naturales. Recuperación de una técnica tradicional.* Ediciones Ayllu, Buenos Aires, 156 pp.

Tortorelli, L. A. 1956. *Maderas y bosques argentinos.* Ed. ACME SACI. Buenos Aires, 910 pp.

Toursarkissian, M. 1980. *Plantas medicinales de la Argentina.* Edit. Hemisferio Sur S.A., Buenos Aires, 178 pp.

Vázquez Avila, M. D. 1985. *Moráceas argentinas, nativas y naturalizadas (excepto* Ficus). *Darwiniana* 26 (1-4): 289-330.

CRÉDITOS FOTOGRÁFICOS

Marcos Babarskas: 76

Pablo Canevari: 110

Roberto Cinti: 9, 49 (sup.).

Francisco Erize: 6, 7, 13 (sup.), 14, 15, 17 (sup.), 19 (inf.), 22, 23 (inf.), 27 (inf. izq.), 28, 29 (inf. der.), 32, 33 (inf.), 37 (inf.), 39 (inf.), 43 (inf. der.), 50, 51 (inf.), 53, 54, 55 (inf.), 56, 64, 65, 66, 67 (inf.), 80, 87 (inf.), 88, 89, 92, 93.

Daniel Gómez: 45 (sup.), 57, 59 (inf.), 61 (inf.), 69 (sup.), 81, 82, 83 (inf.).

Eduardo Haene: 23 (sup. izq.), 27 (sup, inf. der.), 61 (sup.), 99 (inf. izq.), 109.

Carlos A. Milanesi: 2, 3, 4, 5, 8, 10, 11, 12, 13 (inf.), 15 (inf. izq.), 16, 17 (inf.), 18, 19 (sup.), 20, 21, 23 (sup. der.), 24, 25, 26, 29 (inf. izq), 30, 31, 33 (sup.), 34, 35, 36, 37 (sup.), 38, 39 (sup.), 40, 41, 42, 43, 44, 45 (inf.), 46, 47, 48, 49 (inf.), 51 (sup.), 52, 55 (sup.) 58, 59 (sup.), 60, 61 (sup.), 62, 63, 67 (sup.), 68, 69, 70, 71, 72, 73, 74, 75, 77, 78, 79, 83 (sup.), 84, 85, 86, 87, 90, 91, 94, 95, 96, 97, 98, 99, 100, 101, 102, 103, 104, 105, 106, 107, 108, 109 (sup.), 110, 111, 112, 113.

Esta edición de
EL NUEVO LIBRO DEL ARBOL
se terminó de imprimir
el once de septiembre del año dos mil
en MELSA (Manufacturas Editoriales Litográficas, S.A.),
Madrid, España.